武則天的人生哲學

——女權人生

《中國人生叢書》前言

中國聖賢是一個神聖的群體。他們是思想智慧的化身，道德行爲的典範，進取成功的象徵。他們或者以自己的思想學說影響歷史，併構成民族性格與靈魂；或者他們本身即親身創造歷史，留下光照千秋的業績。

但歲月流轉，時代阻隔，語言亦發生文句變化。更不用說人生代代無窮已，歷來學問家詮釋演繹聖賢學說，形成眾多門戶相左的學派，同時又相應神化聖賢事跡。於是，聖賢便高居雲端，使常人可望而不可及，而只能奉爲神明，頂禮膜拜。

然而，消除阻隔，融匯古今，無論學問思想，或者智勇功業，如此二者常常並不是分離的，且必然是人生的，爲社會人生而存在的。這就是聖賢學說、智略、勇氣、運籌、奔走、苦鬥、成功的經驗、失敗的教訓，乃至道德文章，行爲風範，也體現爲一種切實的人生。因聖者、賢者也是人。

這是一種存在，無須多說甚麼。但存在對每一個人來說並不意味著親切，也不意味著自覺。我想聖賢人生與我們這些凡夫俗子的人生加以聯繫。聖賢不正是一個凡夫俗子，經許多努力，經許多造就，才成其爲聖者、賢者的嗎？

當然還有一個重要方面，時世使然矣，這就是歷經漫漫千年的中古時代，又歷經憂患求索的百年近代，世界文化已在衝擊中國人的生存方式。該如何確立中國人的人生路，我總認爲無論是作爲一種一脈相承的文化淵源，還是作爲一種參照與啓迪都莫如瞭解中國聖賢人生，莫如將我們平凡的人生從聖賢人生與學說中找到佐證，找到圭臬。所謂古人不見今時月，今月曾經照古人。正是由此理解，由此思忖，我嘗試撰寫了《莊子的人生哲學》，問世以來即引起讀者的關注與歡迎。並且成爲我組織一套《中國人生叢書》的直接引線。

我大致想好了，依然如《莊子的人生哲學》一樣，一書寫一聖賢人物。我還不揣讇陋，以我的《莊子的人生哲學》爲範本，用一種隨筆的文體與筆調，古今結合，史論結合，聖賢人生與凡生結合，我還要求每一位作者對他所寫的聖賢人物，結合自己的人生閱歷對聖賢寫出獨特的人生體驗。我請了我的多位具卓越才識的朋友，他們都極熱心地加盟這套書的寫作，並至順利完成。

現在書將出版了，我需感謝我的朋友們、感謝揚智文化事業股份有限公司，希望更多的讀者喜歡他。

目　錄

《中國人生叢書》前言　I
引言　1
上篇　走向皇位　5
入主後宮　6
自釀的苦酒……嫁禍於人……自己的隊伍……廢立會議
家事何必問外人

臥榻之側的隱患 36
后妃之死……改立太子……一計殺三親……武敏之的下場
大權在握 50
拱手皇帝……建言十二事……「大義滅親」……神都攝政
天意與民意 70
天授聖圖……佛的預言……民意如此
中篇　吐故納新 81
清除異己 82
兩朝元老之死……消除隱患……清洗宗室……告密之風

目錄

酷吏政治
破除門閥政治 110
姓氏錄……北門學士……低品宰相
招賢納士 123
宰相之過……招賢廣告……舉賢之風……車載斗量的官
慧眼識英才……不避仇怨
下篇 駕馭群臣 145
控制近臣 146
請君入甕……武氏兄弟的命運……武承嗣罷相
懲處李義府……小人與君子

納諫風度 168
三任徐有功……眞正的宰相……直臣魏元忠
大臣的威嚴……陰謀與陽謀
忠臣治國 198
重用能人……國老狄仁傑……京官下派
女皇的心願 216
老臣斷夢……兒子與侄子

引言

公元六二七至六四九年，是我國歷史上著名的「貞觀盛世」。

這一天，唐太宗李世民聽說西域藩國贈送了一匹叫獅子驄的名馬，便召了幾位文武大臣前去觀看。果然，這獅子驄威武雄健，性情暴烈，非同凡響。唐太宗一邊讚賞著獅子驄，一邊問大家誰能馴服它。大家面面相覷，無人敢應。這時，一位宮女飄然轉到太宗面前，躬身道：「臣妾可以駕馭。」唐太宗一看是武媚娘，笑道：「你？就憑你這個嬌嫩的身子？」媚娘卻一本正經地說：「只要陛下給臣妾三樣東西，管保叫牠服服貼貼。」太宗問：「哪三樣東西？」媚娘說：「一條鐵鞭、一個鐵錘、一把匕首。我先用鞭子抽牠，如不聽話就用鐵錘打牠的頭，若再亂踢、亂蹶，就用匕首切斷牠的咽喉！」媚娘話音剛落，唐太宗便擊掌稱讚：「媚娘眞有大丈夫的膽略和氣慨。」

當然，唐太宗並沒有把這匹獅子驄交給這位堅韌的媚娘馴治，武媚娘的馴馬之法也未見之於行動。但是唐太宗萬萬沒有想到，在他死後，就是這位武媚娘用她特有的制伏壯馬的辦法駕馭群臣，造成歷時半個世紀強而有力的專制統治，甚至奪了他的李唐江山。

武媚娘就是中國歷史上唯一的女皇武則天。

武則天輔佐高宗約三十年，臨朝稱制達六年，當女皇十五年，共有五十餘年的政治生涯。唐朝前期共有七個皇帝，即唐高祖、唐太宗、唐高宗、武則天、唐中宗、唐睿宗、唐玄宗，除去前七年的戰亂，自公元六二四年至七五五年，共有一百三十年，其中五分之二的時間是武則天參政或當政的時期，她的生命階段則占去了其中三分之二的時間。在這一段被後世稱頌的封建社會的鼎盛階段，烙上武則天的深深的痕跡。人們往往把唐代的強大歸功於唐太宗的勵精圖治，但貞觀之治只是隋末歷史大混亂後的一個恢復時期。沒有中間這五十年的發展時期，也就不會有後來五十年開元盛世。所以唐太宗、武則天、唐玄宗這三位皇帝大致代表著唐代前期的恢復、發展和鼎盛三個階段。

這位女皇死前的遺囑很簡單，又很深邃，意味深長：去掉帝號，稱則天大聖皇后，合葬在高宗皇帝的乾陵，陵墓上立一塊碑，上面一個字也不要寫，功過由後人去評說。

這一份遺囑把她的所想似乎什麼都說明了，又似乎什麼都沒有說明。

不過，武則天既不是憂鬱而死，也不是悲憤而死，的的確確是安安詳詳地合上了她的眼睛。她的理想之所以失敗，是敗在一個偉人、一個她敬佩的人——唐太宗的手上。唐太宗的偉大使大唐的名號深入人心。武則天能繼承和發展他的事業，但終未能消磨掉他的影響。因此武則天死的時候應該沒有什麼遺憾的了。

在墓前的無字碑上，後人們根據自己的觀點，對這位中國歷史上唯一的女皇帝做出種種評價，毀譽參半，褒貶不一。由於武則天的特殊的身分，正統史家往往對她持貶斥的態度，認爲她「奪攘神器，穢褻皇居」。也就是以周代唐竊取社稷，以陰處陽位而褻瀆了皇帝的寶座。這是她兩條最大的罪狀。因此史學家們還運用春秋筆法，否認她是皇帝而稱她爲太后，在唐代皇帝世系裡也沒有她應有的地位。也正因爲這兩條，她不得不殘酷地殺戮反對她的那些大臣們，並任用酷吏，使用嚴酷的刑罰，殃及大量的無辜。這是我國古代一位傑出女政治家必然的悲劇。沒有這兩條罪狀，武則天也就只能是一個「武氏」，一個在宮中默默無聞的皇后、皇太后，也就沒有這中國古代唯一的女皇帝。反過來說，在中國封建社會這一個極度的、有一整套哲學來維繫的男權社會裡，一個女子同皇帝的頭銜聯繫在一起，要面對多麼巨大的困難，經歷多少曲折，衝破多大觀念上的障礙和需要多麼大的勇氣，同時也需要有多麼非凡的毅力和政治上的才幹！我們從她早年的經歷可以看出，任何一個曲折都可能把她置於死地，或者埋沒於皇帝後宮成百上千的粉黛中，成爲一個可憐的犧牲品。但她終於憑著自己的聰明才智和頑強意志，主宰自己的命運，脫穎而出。同時，這個男權社會也相應地付出了沉重的代價。

上篇　走向皇位

夫道者，覆天載地，高不可際，深不可測，苞裹萬物，稟受無形，舒之覆於六合，卷之不盈一握，小而能大，昧而能明，弱而能強，柔而能剛。夫知道者必達於理，達於理者必明於權，明於權者不以物害己，言察於安危，寧於禍福，謹於去就，莫之能害也。以此退居而閒遊，江海山林之士服；以此佐時而匡主，忠立名顯而身榮，退則巢許之流，進則伊望之倫也。故道之所在，聖人尊之。老子曰：「道常無為而無不為，侯王若守之，萬物將自化。以道佐人主者，不以兵強於天下。夫佳兵者，不祥之器，故有道者不處。」文子曰：「夫道者，無為無形，內以修身，外以理人。故君臣有道即忠惠，父子有道即慈孝，士庶有道即相親。故有道即和同，無道即離貳。」由是觀之，無道不宜也。

——武則天《臣軌》

入主後宮

在這個世界上，大概沒有什麼比爲人臣妾更屈辱的事了。而臣妾的最高理想就是把他人變成自己的臣妾，從而把自己變成他人的帝王。在這一點上，武則天大概是後宮嬪妃中唯一的成功者。武則天十四歲入宮爲才人，地位低下，受人擺布，小心謹愼服侍太宗皇帝。二十六歲時，太宗皇帝去世，去世前下達最後一道殘酷的旨令：後宮妃嬪，一律出宮削髮爲尼。武則天也在其中。從此她淸燈孤影，在感業寺度過了五個春秋。三十一歲她再度入宮，侍奉太宗的兒子高宗皇帝。返宮之初，不少人對這個前宮舊人給予的是輕視和鄙薄、白眼和非議。但武則天忍受屈辱，並不洩氣，她表面上對皇后卑躬屈膝，處處投其所好，但內心卻在打算著一個夢寐以求的目標。

她在等待機會，更確切地說，她在創造機會。

自釀的苦酒

唐高宗李治是太宗皇帝的第九子，長孫皇后所生。他是個孝子，也是個重感情的人。

公元六五一年五月二十六日，是唐太宗的忌日。高宗皇帝趁國事之暇率侍從前往感業寺。他是來進香的。但他還有一個目的，就是想看看他當太子時就傾心已久、現已削髮爲尼的太宗才人武則天。二人相見，半晌無言。往日的舊情，今日的重逢，使高宗頓增對武則天的憐愛。他安慰說：「朕未嘗一日忘情，只因喪服未滿，不便傳召。今日到此，便是爲了重續舊情。」高宗表示一定爭取盡速降旨，召她返宮。

但若要眞正實踐諾言，高宗又有點躊躇不定：武才人雖然對他情深意長，但畢竟是先帝的妃子，況且現在又已削髮爲尼，如將她召還，朝中會作何議論？國人將有何反應？他現在已不是東宮太子，而是一國之君。先王文皇帝曾有言：「若安天下，必須先正其身。身正影方直，爲君之道不可不愼。」他還想到皇后和後宮妃嬪。皇后雖仁厚溫順，後宮也算平靜諧和，而召武才人進宮則有可能頓生波瀾。宮中古來多怨火，最是娥眉不讓人。倘若互相攻訐，打起脂粉戰，豈不愁煞人？思前想後，高宗舉棋難定。優柔寡斷的皇帝陷入難以解脫的矛盾之中。

然而，使高宗皇帝大出意外的是，王皇后居然十分熱心武則天回宮的事，並且一再催促高宗：「既然陛下有意，那就盡快降旨好了。」

高宗簡直不敢相信皇后竟然這樣豁達大度，甚至懷疑皇后之言不過是出於對皇上的畏懼，並不是她心裡的話。他仔細觀察著皇后的表情，看那副安詳柔美的面容上是否暗含著什麼情緒。皇上的灼灼目光分明是在詢問：這是眞的嗎？

王皇后用坦白的、誠懇的語調向高宗表白，說她能幸備椒房，恩寵已過，不敢專寵於後宮。她視皇上之喜爲喜，以皇上之憂爲憂。只要是皇上喜歡的事，絕無二諾。況且，她與武才人已有初識，情同姐妹，請皇上不要多心。

聽了王皇后這番眞誠的話語，唐高宗深爲王皇后的寬廣胸懷所感動，將她大加讚揚一番。當下，便派了一名貼身太監，到感業寺去傳口諭：武才人可從即日蓄髮，準備返宮。

妃嬪成群的後宮歷來是爭寵的場所，王皇后身爲女主人，何以如此讓人？難道她眞的有這樣的胸懷？原來，王皇后有她的算計。

這位王皇后出身名門，是北周重臣的後裔。她的曾祖父王思政是南北朝時西魏的大將，受任鎭守河南，很得重用。王皇后與李唐王室還是舊親，她的從祖母是唐高祖李淵的妹妹同安長公主。此外，她外祖母家柳氏和唐室也有舊親。她舅舅柳奭的叔母是李淵的外孫女。當初，唐太宗爲李治擇妃時，同安長公主以王氏貌美，向唐太宗推薦。唐太宗曾言不欲使子孫生於微賤，便選定了王氏之女爲晉王妃。李治當太子後，又冊爲太子妃。唐太宗對此是滿意的，他臨終時還將這對「佳兒佳媳」囑托給長孫無忌。

作爲高宗李治的結髮妻子，王氏是深得寵愛的。但是，自從李治登基以後，她卻遇到了一件煩惱事。

後宮中有一個蕭淑妃，性情剛直，舉止風流，姿色出眾。她的這種性格初看起來與儒弱的高宗不甚和諧，卻奇怪地受到高宗的喜愛。像這種性格相反而關係甚密的現象在人群中並不少見。這大概也是一種和諧。唐高宗與蕭淑妃便是這種情況。

此外，蕭妃為高宗生了一個兒子，叫李素節。她在高宗的四個兒子中地位最高。生燕王李忠的劉氏、生原王李孝的鄭氏、生澤王李上金的楊氏都不及蕭妃尊貴。王皇后無子，嫡系無傳，蕭妃因此身價百倍。

蕭妃的受寵引起了王皇后的嫉妒。她知道蕭妃得勢後將意味著什麼。所以，終日耿耿於懷，恨不得將她轟出後宮，只奈勢單力薄，又無良策，鬱鬱不快。今見皇上害了單相思，不由得想到，皇上既然對武才人情深意切，莫如請皇上速召她還宮，這樣，一則順水作了人情，博得皇上高興；二則可以給蕭妃增加個敵手，給自己增加一份力量。待她二人爭鬥起來，兩敗俱傷以後，她再坐享受寵之利。

王皇后的打算是太精明了。她本人也為這一坐山觀虎鬥的良策而驚喜。她甚至比高宗更急迫，五次三番地派人到感業寺去探望，看武才人的頭髮是否長起來，巴不得讓她馬上回宮，將那個趾高氣揚的蕭妃泡在醋壇子裡，煞一煞她的威風。

一個白雪皚皚的冬日，皇帝親自派來的使者向武則天宣布了召她返宮的聖旨。接著，一行宮人、太監捧著御賜服飾和用物來到感業寺。此時此刻的武則天感慨萬分，她不敢相信，黃卷青燈旁難挨的日子終於結束了，感業寺的鐘聲將伴隨著歲月的流水，永遠地消逝。

然而，初返後宮的日子並不平靜。人們不理解，為什麼這個比皇上還大四歲的前宮舊人會得到皇上的青睞，難道六宮粉黛都不及這個已經三十歲的婦人？私下裡，人們在議論，在評說，在發洩著怨怒。武則天意識到形勢的不妙，但並不悲觀洩氣，並不畏懼慌張。幾年的尼庵生活已使她變得如男人般的剛強。她在思索著，怎樣才能在這個敵手如林的宮廷站穩腳跟？她深知強則存、弱則亡的道理，她鄙薄退卻、猶豫和怯懦。她認真地體察著周圍人的情緒，以高傲的姿態迎對著不懷好意的目光，她下決心要較量一番。

她的第一目標是蕭妃。蕭妃容貌艷麗，舉止高雅使她難受。她恨不得剪掉蕭妃那巍巍撩人的高髮髻，撕破她如美玉般的面皮。毫無疑問，蕭妃的存在是對她的威脅，蕭妃時刻都會使她好不容易得來的一切化為烏有。水火難相容、冰炭不同器，欲在宮中立足，必須搬開這塊絆腳石。

聰敏過人的武則天早已洞悉了王皇后與蕭妃的微妙關係，她也猜得出王皇后何以為了她重返宮廷出這麼大的力量。她將計就計地和王皇后結成了親密的同盟，用王皇后這塊招牌作為向蕭妃進攻的武器。她對王皇后躬身奉事，處處討她喜歡，投其所好。她摸透了王皇后的脾氣秉性，千方百計地使她高興，殷勤得不亞於服侍在左右的宮娥。

王皇后被感動了。她把武則天當成知音，視武則天如同手足，一有機會便在皇上面前誇獎她。誇她的天姿神韻，誇她的謙卑讓人，說她的品格、她的節操可以垂範後宮。王皇后說這些話的時候，當然也要順便提一下蕭妃。不過，那是為了給武則天作個陪襯，一個反面的陪襯。

頭腦簡單的皇上被皇后的花言巧語迷惑了。他降旨封武則天為昭儀，與此同時，對蕭妃的百般恩愛、千種柔情也在淡漠、在消逝，寵極一時的蕭妃嘗到了失意的苦頭。

王皇后如願以償了。她感激武則天的幫助，慶幸自己手段的高明。但是，她很快就發現，她的良苦用心卻召喚來一個新的對手。

這是由武則天離開正宮開始的。武則天封爲昭儀，有了自己的名分，也就有了自己的宮室，不能老待在正宮。武則天遷出了正宮，這高宗皇帝竟也遷出了正宮似的，王皇后十天半月也見不上高宗一面。

皇上迷戀武則天，喜歡聽她說話，喜歡她充滿活力的身體。皇上對她在感情上有一種依賴，這不僅僅是房事方面的，否則絕不會因她而冷漠蕭淑妃和王皇后，她們的美貌，甚或勝似她。也不是因爲她「狐媚」，因爲她並沒有刻意迎合皇上，故做嬌痴。對這個比她小四歲的皇帝她撒不起嬌來。她對皇上，既像對愛人那樣，又像對一個弟弟，甚或對兒童嬰孩那樣撫慰他，不厭其煩地聽他講朝政上的事，還鼓勵他要果斷、有主見，對大臣們沒有必要那麼恭順，如此一來，日子久了，皇上就有了皇上的威信，臣下也懂得畏懼。高宗有了說心裡話的地方，從她那裡得到的不是一般女人的嬌情和對他小鳥依人般地依靠，而是一種帶有母愛意味的柔情、鼓勵和安慰，讓他有一種少有的自信和力量。這一點，才是高宗深愛武則天而疏遠恭順賢德的王皇后和恃寵撒嬌的蕭淑妃的原因。

王皇后清楚地意識到，她的慘淡經營造成了一種新的不利的形勢，她將疲憊地面對這種新的、使她更加難以應付的局面，吞下這個她自己培育的苦果。

在王皇后悔之不迭的時候，武則天卻沉浸在按捺不住的喜悅之中。她暗笑王皇后的愚鈍，爲返宮後的這個最初的勝利而感到欣慰。這標誌著，經過一番磨難，她又重新進入宮廷，立足於這個權勢和利益的角逐場上。

然而，爭得昭儀的封號並不是武則天的最終目的，擠倒蕭妃也不是這場爭鬥的最後一個回合。她想得要遠得多、高得多。

嫁禍於人

敵人和朋友並不是永恆不變的。隨著情況的改變，利益的需要，朋友可以成爲敵人，敵人也可化爲朋友。

當初，王皇后同意高宗皇帝從感業寺把武則天接回宮中，是爲了對付得寵的蕭妃，所以經常在高宗面前說武則天的好話。但不久，高宗就專寵武則天，還把她封爲昭儀，使她在宮中有了一席之地。

皇后與蕭妃同時失寵，於是，兩人就又聯合起來對付武則天。尤其是當武則天懷孕的消息傳出以後，王皇后因自己沒有生子，十分恐懼，恐怕武則天一旦生子，自己的皇后之位以及未來會受到威脅，於是，就聯絡她的舅父中書令柳奭等人，立後宮劉氏所生的高宗的長子李忠為太子，並把當時的重臣長孫無忌、褚遂良、韓瑗、于志寧、張行成、高季輔等人拉進了輔佐太子的班子，經營得如同鐵桶一般。

宮廷內外聯合起來搶立太子事件深深地刺激了武則天，她意識到，自己即使沒有當過太宗的妃子，也不可能得到大臣們的支持，其根本的原因，就是自己出身寒微。她從此看清了，內廷中王皇后容不得她，外廷中士族大臣更容不得她，她處於內外夾擊的情勢中。

但武則天並沒有失望。俗話說：「不孝有三，無後為大。」王皇后無子，這是天賜良機，只要能為皇上生下皇子，必定母以子貴。果然，天不負人，公元六五二年，武則天生下一子。高宗皇帝喜不自勝，親自取名李弘，封代王，囑人好好哺育，不得有一絲一毫的疏忽。

武則天有了這樣的資本，就毫不猶豫地展開了她的攻勢。

她首先在宮女們身上下起了功夫。本來，王皇后行爲端莊有禮，但固執拘泥，時時刻刻不忘自己的地位，因此不太體貼下人，不願籠絡她們、俯就她們。而魏國夫人柳氏自以爲是皇后之母，平時頤指氣使慣了，因此，都不受宮女們的歡迎，宮女們從正宮出來，常聚在一起，還發洩不滿。武則天自己曾是地位低下的宮女，體諒宮女們的痛苦，所以並不濫施威風，而且言語有禮中聽，深得人心。而如今，她既有心於此，就更八面玲瓏了。只要得到皇上的賞賜，她就把禮物不論厚薄，統統轉賞給她們，尤其是被皇后、柳氏薄待的尙官、女史，她更是用心籠絡，賞賜更豐，毫不吝惜。所以宮女們無不敬重、同情和效忠武則天，有什麼心裡話願同她說，對各宮中發生的事也願告訴她。

用這麼一些小小的手段，武則天就輕輕鬆鬆地成了宮中最受擁戴、消息也最靈通的人，對王皇后、蕭淑妃方面的一切事情也清清楚楚。武則天常常把兩人不滿的怨言傳給高宗，高宗對她們十分生氣。然而，只靠這些，還遠遠不夠。武則天在尋找時機。

公元六五四年春，武則天又生下一個女兒，極其靈活可愛。王皇后聽說，也前去探視撫抱。王皇后剛走，武則天就聞報高宗要來，她渾身一震，覺得千載難逢的好時機到了。於是，她把手伸進被窩，狠狠地掐住女兒的脖子，直到掐死，然後再把被子蓋上，若無其事地出去迎接高宗。等高宗進來，武則天承笑如前，毫無慌亂之舉，待高宗打開被子看女兒時，卻發現女兒已經死了。武則天故作吃驚，大聲悲號。高宗忙問左右的侍女，都說王皇后剛剛來過，高宗憤怒地說：「皇后殺了我的女兒。」武則天又乘機歷數王皇后的罪過，王皇后是有口難辯了。自此，高宗就下決心廢掉王皇后，立武則天爲皇后。

武則天行事果斷，她既已發動，就要趁熱打鐵。

自打高宗產生了廢立想法以後，王皇后心中一直惶惶不安，總害怕有一天會突然降下一紙詔書，奪去她的鳳冠。儘管朝中有長孫無忌等一班大臣作主，她仍放心不下。她在背地裡時常流淚，不思飲食，埋怨自己命運不好。她的母親柳氏心疼自己的女兒，就對她說，現在屢遭磨難，可能是沖了小人。應多焚幾柱香，祈神消災。她秘密地請來一個僧人，那僧人削製了一個小木人，釘上鐵釘，囑她每天在佛前焚香叩拜，百日之後，即可大順。

武則天聽宮女們議論這件事。她覺得這又是一個可以利用的機會。高宗有頭痛的老毛病，這幾天痛得更厲害，武則天趁機說：「皇上頭痛，不知是不是有人祈神弄鬼，詛咒皇上。」高宗不相信誰敢如此大膽。武則天告訴高宗：「聽宮女們說，王皇后同她母親魏國夫人偷偷地令人做了一個小木人，形似皇上。她們在小木人身上釘上鐵釘，整日焚香祈神，咒皇上早崩。」高宗將信將疑，立即來到皇后寢宮，果然，王皇后正虔誠地焚香叩拜，腳下放著那個釘著鐵釘的小木人。

高宗看到這種情景，肺都快氣炸了。「悍婦」、「佞人」等最難聽、最嚴厲的話語像一陣冰雹砸向王皇后。王皇后此時渾身是嘴也難以爭辯，哭得死去活來，乞請皇上恕罪。高宗已經絕情，絲毫不爲所動。王皇后的母親聞訊趕來，見此軒然大波，嚇得非同小可，趕忙跪地請罪，並說，這一切都是她一個人的主意，與皇后無關，要治罪，就處置她一個人好了，請求不要連累皇后。高宗一見這老嫗，更是氣不打一處來，當即嚴令柳氏立即出宮，永遠不得返回。

柳氏狼狽地被趕出宮廷。她的兒子柳奭將她安置妥當後，心慌意亂地回到家中。他預感到事情不妙，擔心他將成爲高宗和武昭儀的下一個目標。柳奭不像長孫無忌那樣強硬，他膽子小，敏於利害。去年王皇后因武則天誣陷其掐死了小公主，恩寵大衰，柳奭心中不安，主動向皇上上表，請求解除中書令之職。六月，高宗批准了的表奏，罷爲吏部尚書。現在，他覺得，吏部尚書也難以保住了，慮及未來，不寒而慄。

柳奭的擔心很快得到證實。高宗傳旨，貶柳奭爲遂州刺史。七月，柳奭緊步他母親的後塵，也被迫離開宮廷。行至扶風，又接敕令，讓他到遙遠的榮州去任刺史。

至此，王皇后失去了有力的靠山，高宗則進一步堅定了廢王立武的決心。

自己的隊伍

既然王皇后無子，而又「失德」，情理當廢。而武則天有子有德，應立爲皇后。但廢立之事關係國家安危，高宗皇帝不敢擅自作主，需與大臣商議。其中關鍵人物是顧命大臣長孫無忌。

一天，高宗皇帝和武則天一起帶著禮品前往長孫無忌宅第作試探性拜訪。剛開始，皇上談及的是一些完全無關的事：諸如朝政的得失、氣候的好壞、庫藏的盈虧、朝臣的賢愚及天南海北的奇聞逸事。長孫無忌感到莫明其妙。最後，高宗終於委婉地對長孫無忌說，王皇后無子，且嫉悍凶險，不堪爲后。武昭儀賢慧明達，當取而代之。聽到這一層，長孫無忌完全明白了來意，他故意裝痴作呆，答非所問，竟不順從。唐高宗哭笑不得，只好悻悻地起駕回宮。

武則天碰壁歸來，並不甘心。她又求助於她母親楊氏。讓楊氏前去套親近，請長孫無忌贊同廢立。想不到長孫無忌半個字也沒聽進去，根本不把楊氏放在眼裡。武則天仍不死心，第二天又派親信禮部尚書許敬宗去遊說。長孫無忌不僅不予理睬，還聲嚴色厲地訓斥：「此事與你無關，休要來管！」許敬宗撞到了南牆，大氣沒敢出，灰溜溜地走了。

求「神」失敗了。武則天對長孫無忌徹底失去了信心。

武則天是沮喪的。但她不肯認輸。她絞盡腦汁，另謀新計。爲了更加穩妥，武則天和高宗想出了一個試探性的辦法：特設「宸妃」這一名號，贈予武則天。後宮中原有貴妃、淑妃、德妃、賢妃等，都視為一品，不曾有過宸妃。高宗特設的宸妃，高出所有妃嬪之上，實際上是皇后的代名。

高宗把這個主意告之於群臣，徵求他們的意見。大臣韓瑗、來濟首先極力諫阻。他們的理由是：宸妃的名號古來未有，不宜特置。這兩個人都是高宗新近提拔的宰相。高宗見自己信任的大臣也不同意，只好取消了這個打算。

一次又一次地乞求，一次又一次的失敗，使武則天痛苦地意識到：皇后的桂冠是等不來的，也是求不來的，必須從根本上解決，即組織自己的力量，建立自己的隊伍，與長孫無忌等權臣分庭抗禮，針鋒相對。

武則天將搜索的目光投向群臣。她注視著每一個人，瞭解他們的來龍去脈，觀察他們的立場態度，一經發現可以為我所用的才智之士，就不失時機地把他們吸引過來。

在此之前，武則天就已物色到一個人，這就是後來成為武則天心腹大臣的許敬宗。

許敬宗是南方士族，曾祖父、祖父、父親在梁、陳、隋朝做過大官，以文學、經史而知名。他自己也很有文才，唐太宗聞其名，召用他，與房玄齡、杜如晦、于志寧、虞世南等同爲秦王府十八學士。貞觀初年，許敬宗擔任著作郎，兼修國史。貞觀十七年，撰成武德、貞觀實錄，太宗加封男爵，升任黃門侍郎。李治爲太子時，許敬宗升爲太子的侍從官。貞觀十九年，太宗親征高麗，皇太子李治治國，許敬宗與高士廉共知機要。中書令岑文本死後，太宗令許敬宗代理中書郎。太宗在駐驆山（六山）大破遼兵，許敬宗立於馬前受旨草擬詔書，頃刻即成，詞采華美，太宗大爲嘆賞。高宗即位，許敬宗代替于志寧爲禮部尙書。其時，許敬宗嫁女給少數民族首領之子，得了許多金銀寶物，由此遭到彈劾，被降爲鄭州刺史。許敬宗早就是高宗皇帝的侍從官，恭順聽命，高宗視爲親信。但因爲他不是關隴集團的人，所以多次受到排擠，一直鬱鬱不得志。

不久，許敬宗送來告退表章，無非是向高宗發洩對關隴集團的不滿，試探高宗對此事的態度。高宗心裡也明白他的意思，但頗感爲難：許敬宗出生於南方士族，既然爲長孫無忌等關隴士族官僚所不容，如果提拔他，會引起這些大臣的強烈反對。所以找武則天商量。

武則天已經逐漸瞭解了朝中大勢。朝中把持朝政的是長孫無忌、褚遂良等人，他們出身於關隴士族世家；朝中另一派大都是山東庶族和南方士族，這些人與武則天家庭一樣，或出身不高，或鬱鬱不得志，他們不會附和關隴集團。如果從這裡著手，取得其支持，必然有所突破。於是，武則天對高宗說：「許敬宗既然是個很出色的人才，又是皇上倚重的人，不如先讓他回朝廷做他原來的修史工作，既可以引致左右，又不致引起朝臣們太大的異議。」

高宗覺得這個辦法很好，便迅速將許敬宗調回中央，出任衛尉卿、加弘文館學士、兼修國史。武則天也暗中派遣心腹告知原委。許敬宗得知宮廷鬥爭的內情，很快心領神會。入朝不久，就派人告訴武則天要效忠她。

永徽四年（公元六五三年），武則天又秘密召見許敬宗，把自己欲爭奪后位的心事告訴了他，讓他從中起作用。老謀深算的許敬宗注定從此要被正統史家打入奸臣的行列了，他發現武則天對朝中之事很精通，又有權謀，看出這個女人很厲害。因此，他也表示要與武則天一條心，借重她而同排擠他的關隴集團鬥爭，出一出胸中惡氣。他勸武則天不要著急，時機尚不成熟，先要羅致人才，收復人心，待機而發。

現在，武則天又注意到，中書舍人李義府是一個値得重視的人選。此人瀛州饒陽人氏，出身微寒。入朝後，他因家世微寒，極力尋找靠山，投到劉洎門下，當上了掌管監察百官的監察御史。李義府找到了靠山，卻得罪了另外的人——長孫無忌和褚遂良。長孫無忌、褚遂良是劉洎的大敵，李義府也隨著他的靠山一起自然而然地站在長孫無忌的對立面。高宗即位後，李義府因其文章寫得好，被高宗任命爲中書舍人。但這時候，他的敵對者長孫無忌大權在握，長孫無忌對李義府厭惡已深，李義府的處境很是不妙，然而，這恰恰是武則天所需要的，她要搜羅的正是長孫無忌的敵人。

這時，一直對李義府耿耿於懷的長孫無忌向皇上奏了一本，說他不堪重用，建議調往他州。朝中也有不少人說李義府的壞話。說他相貌雖然溫和，未言先笑，但內懷狡詐，笑裡藏刀，還送給他一個綽號，叫「李貓」，意即以柔害物。這種情況高宗是清楚的。他批准了長孫無忌的建議，擬將李義府派往壁州作司馬。

敕令未下，李義府已預先得知消息。他十分恐慌，如坐針氈，前去求助於好友、中書舍人王德儉。王德儉想了想說：「當此之時，我看只有一個人能救君於倒懸。」李義府急問：「哪一位？」王德儉道：「聖上的愛妃武昭儀。」李義府搖頭道：「怕不行吧！這兩年，聖上一直想立武昭儀爲后，只是因爲有長孫無忌那老頑固在前面擋著，竟未實現。武昭儀自己的事都沒辦法，豈能管得了別人？」

王德儉笑道：「看來你是聰明一世糊塗一時啊！現在皇上想立武昭儀而不果，全因怕大臣有異議而無人支持。朝中大臣畏懼長孫無忌的權勢，不敢講話。如果你能獨陳己見，上表請立武昭儀，定能博得龍顏大悅，這樣，即可轉禍爲福。」李義府高興地一跺腳，說：「有道理！有道理！我怎麼沒有想到這一層。」

當天，他和王德儉商量好，代替王德儉在值宿閣值班，以尋找接近皇上的機會。同時，充分發揮了他擅長文辭的才能，迅速寫了言辭懇切的表奏，呈給皇上。他流著淚說：「廢王皇后，立武昭儀是人心所向，大勢所趨，請皇上勿再遲疑，當機立斷。」

自打廢立之議公開之後，朝臣中基本上是一面倒。除少數默不作聲者外，大多數都站在長孫無忌一邊，反對廢王立武。高宗遲遲不決就是因爲他無法改變大臣們的看法。今見李義府這與眾不同的表奏，心中大喜。他看到，在廢王立武的大旗下，不僅僅孤零零地站著他和武昭儀，還有若干贊同者，李義府便是第一個走到這桿大旗下的勇士。

人在孤立的時候是非常珍視支持的。這種支持哪怕是極其微小的，也會被看得十分重要，甚至刻骨銘心，永誌不忘。李義府這份上表便是如此。這個平時不大引人注意的中書舍人一下子在皇上心中占據了重要位置。高宗皇帝把他當成久旱後的甘霖，艱難中的知音，忠貞無二的賢臣，敢於獨樹一幟的英雄。對這樣的人是不能不賞、不能不用的。他傳下聖旨，賜珠寶一斗，取消調任旨令，讓他仍留舊職。

武則天聞訊，更是欣喜萬分，秘密派人前往李義府的宅第以慰勞勉勵，並送上許多禮品。此後，經武則天的努力，又提拔他爲中書侍郎。李義府感激涕零，表示定爲皇上、昭儀竭盡赤誠，不惜肝腦塗地。

在李義府之後，又有一個人投入武則天的懷抱，他便是御史大夫崔義玄（御史大夫是皇上的耳目之官）。崔義玄常在皇上左右，對宮中訊息比較靈通。經過一番利弊權衡之後，他效仿李義府，倒向皇上、武則天這一邊。

繼崔義玄之後，御史中丞袁公瑜也前來依附。這樣，武則天不再孤立無援了。她身邊聚集起一支較爲可觀的隊伍：許敬宗、李義府、崔義玄、袁公瑜等。這些人都可爲心腹，可以依靠。她的腰桿挺起來了，她不再向長孫派低三下四地乞求，她可以拉出自己的人馬，與之分庭抗禮，較量一番了。

廢立會議

廢王立武的時機越來越成熟了。武則天信心百倍，準備奪取她渴望已久的鳳冠。可是，在永徽六年八月，她又遇到了一次阻礙，設置這個阻礙的是長安令裴行儉。

裴行儉是隋朝左光祿大夫裴仁基的兒子，才兼文武，較有政聲，與長孫無忌、褚遂良等老臣關係甚密，是長孫派的一個堅定分子。他聽說高宗將立武昭儀爲后，以爲國家之禍必從此始，很是不安。一日，他秘密與長孫無忌、褚遂良等人相會，共論形勢之危，同商應變之計。武則天的心腹袁公瑜偵察到這次秘密集會，他詳細地報告了武則天的母親楊氏，楊氏馬上如實地向武則天反映了這一動向。

這一次，武則天沒有慌神。她已經具備了與長孫派抗衡的力量。她現在考慮的不是乞求，而是堅決有力的打擊。她不能容許她的敵對者們在一起狗苟蠅營、圖謀不軌，破壞她的大計。她向皇上進言，說裴行儉行爲不端，不能讓他留在腹心肘腋，以爲後患，把他調得越遠越好。皇上以爲然，令裴行儉前往距長安數千里之遙的西州中都督府，在那裡擔任長史。

裴行儉被調走，是武則天奪取皇后之位的最後階段的前哨戰。接著高宗正式召長孫無忌、李勣、于志寧、褚遂良等人入內殿，公開討論廢立事宜。

長孫派的有力支柱褚遂良接到皇上傳召，對長孫無忌說：「今日聖上有召，一定是爲中宮之事。現在聖意已決，逆之必死。太尉元舅是司空功臣，不能讓聖上落個殺元舅和功臣的壞名聲。我褚遂良出身卑微，於大唐無汗馬之勞，致位到此，全因先帝恩遇。先帝臨終，曾托命於我，我不以死相爭，維持大唐王室，怎對得起長眠壤下的先帝？」長孫無忌聽了很受感動，堅定地說：「褚公儘管大膽直言，我長孫無忌爲你後盾。」

會議是在嚴肅的氣氛中進行的。一開始，高宗便用徵詢的、卻是肯定的語氣對長孫無忌等人說：「最大的罪過，莫過於絕嗣。爾今皇后無子，昭儀有子，朕擬立昭儀爲后，公等以爲如何？」

皇上話音剛落，褚遂良馬上說：「皇后出自名家，是先帝爲陛下所娶，伏奉先帝，未曾有何過錯。先帝病重之時，曾經拉著臣的手說，我的好兒新婦托付給你。當時陛下親聆先帝囑托，聲音猶在耳畔。這幾年來，沒聽說皇后有什麼僭越婦德的事情，對陛下一直是畢恭畢敬，忠貞無二，不應輕易廢黜。臣不敢曲從陛下，違迕先帝之命！」高宗很不高興，會議不歡而散。

第二天，唐高宗又重提此事，褚遂良再次勸阻說：「陛下如果一定要另立皇后，那麼當挑選天下望族之女，何必非得武氏？況且，昭儀曾事先帝，這是眾所周知之事，陛下哪能遮掩天下人的耳目呢？如果眞要這樣做，萬世之後怎麼看待此事。陛下如果不顧這個道理，自己招來不好的名聲，敗亂的禍端恐怕就會從此開始了。願陛下三思！現在，微臣違逆聖顏，罪當萬死。只要不辜負先帝之托，臣就是上刀山、下火海也心甘情願了。」

說到這裡，褚遂良激動地把手中的象笏放在殿階上，解下瞨頭巾，叩頭流血，說：「這象笏是陛下所賜，今歸還陛下，乞請陛下准臣還歸鄉里！」高宗一見褚遂良竟敢以棄官來抗旨，怒火中燒，命他趕快走開。

這時，武則天正在屏風後偷聽，她狠狠地罵道：「怎麼不殺了這個可惡的獠人！」獠人是唐人咒罵南方人的話，褚遂良祖籍河南陽翟，晉時避亂渡江，世居南方，所以武則天罵他是獠人。

長孫無忌見高宗要將褚遂良免官，連忙對高宗說：「褚遂良是先朝顧命大臣，即使有罪，也當愼重處置，望陛下恩赦！」

韓瑗也痛哭而諫：「皇后是陛下在藩府時先帝所娶，至今並無過錯，如果就這樣廢了，會引起天下人的驚慌恐懼。再說，國家屢有廢立之事，也不是長久之策。望陛下爲社稷大事著想，不要憑個人好惡行事。」

韓瑗又爲褚遂良申辯說：「褚遂良爲國家竭盡忠誠，親承先帝顧托，一德無二，千古凜然，這些都無需微臣多言，陛下很清楚。未聽說他的罪過而逐出朝廷，一定會引起朝野非議。」

高宗道：「褚遂良犯上不忠，以此責罰，朕有何過？你爲何說得這麼嚴重呢？」

韓瑗道：「遂良乃社稷忠臣，萬萬不可輕易拋棄。古時賢臣微子離朝，殷國因之滅亡；名宰張華之死，西晉綱紀因之而亂。國家將亡，良臣被棄，請陛下記取這前車之鑒。」

高宗不聽。韓瑗失望了。他請求步褚遂良之後，罷歸鄉里，也未被允許。幾天後，韓瑗又呈上一份言辭激切的諫書，內中寫道：「君王與皇后，可比之於日月。日月並明，光照四海；日月有蝕，天地昏暗。皇后母儀天下，善惡由之。所以嫫母賢良，黃帝得到輔佐；妲己驕奢，殷朝因之傾覆。前事不遠，當爲鑒戒。

臣每自檢讀前史，未嘗不捨卷嘆息。陛下如不效法聖賢，後世將怎樣看呢？願陛下好好思考一下，免得為後人恥笑。如果臣之所言能有益於國，即便將受誅戮，也無所顧惜。春秋時，吳王夫差拒絕伍子胥的忠諫，伍子胥說，我們吳國滅亡不遠了。後來果如子胥之言。往事的教訓，陛下要好好記取啊！」

來濟也上表說：「君王擇立皇后，都是選擇禮教名家，以符天下之望。所以，古時周文王造舟，親迎太姒於渭水，太姒佐助文王而興王業。漢時孝成帝縱欲無度，以婢女為皇后，使得皇室亡絕，社稷傾淪。現在有周興和漢禍這正反兩個方面的經驗教訓，乞請陛下詳察！」

褚遂良、韓瑗、來濟都是貞觀老臣，他們繼續了貞觀前朝直言敢諫的政風，以痛切的言辭陳述自己的主張，本希望高宗能像先帝太宗那樣聽取意見，無奈高宗主意已定，不管他們怎樣引古論今，強辭直諫，硬是聽不進去。三人只得嘆息一回，就此罷了。

家事何必問外人

高宗對於廢王立武雖然主意已決，但兩次會議未得到任何支持，不免又生疑慮。他又主動上門去徵求李勣的意見。

討論立廢大事的會議，宰相李勣意外地沒有出席。他的理由是身體染疾，行動不便。這並非是一次簡單的疾痛，內中大有文章。

李勣從十七歲加入瓦崗軍以後，經歷了幾十年的軍旅生涯，在政治風雨中闖蕩多年。他老於世故，處世愼密圓滑。他早就看出了廢立皇后是場必不可免的鬥爭，但他一直是遠遠地躲避著，兩派都不得罪，抱著一種與世無爭的態度。不過，在內心深處，他還是站在高宗和武則天這一方的。他對長孫派是疏遠的，但不願在他們面前公開表明自己的立場。對於這次決定性的會議，李勣認爲還是保持沈默爲好，且看看風向再說。

現在，高宗親自來和他商量，他就不得不說話了。高宗說：「朕打算立武昭儀爲皇后，褚遂良等人固執地認爲不可。你是顧命大臣，這件事你看怎麼辦？」

李勣不假思索地說：「這是陛下的家事，何必再問外人？陛下完全可以自作主張！」

李勣的話雖然不多，卻起著十分重要的作用。他也是開國元勛，擔任司空。儘管不掌握實權，但地位很高，他的話具有很大的權威性，可以說是廢王立武的關鍵一票，這一票使遲疑不決的高宗皇帝打定了主意。

爲了徹底壓倒長孫派，武則天的心腹許敬宗在朝中製造輿論，說：「田舍民夫多收了十斛麥子，還想換個婦人，何況天子要換皇后呢？這完全正當，不能容許他人異議。」武則天令左右的人將這些話委婉地傳給高宗，高宗的決心更堅定了。他不再留戀那位他素所敬重的顧命大臣，將褚遂良貶謫到京師南兩千多里外的潭州去任都督。

公元六五五年十月，唐高宗將王皇后、蕭淑妃廢爲庶人，並下詔：「武氏的先世功勞很大，聲望和官位都很高。過去武氏以才華出眾、品德優異而被選入後宮，在宮中有很高的聲譽。朕昔日爲太子時，特蒙先帝的恩准，常侍從在先帝身邊，早晚不離，親眼見到武氏勤奮謹慎，從不與妃嬪之間爭吵不睦。先帝詳察，經常賞識讚嘆，乃將武氏賞賜給朕。她侍奉朕就像當年那樣賢德，所以朕立她爲皇后。」

至此，武則天經過和長孫派舊勢力的激烈較量，終於取得了這場爭奪鳳冠之戰的勝利，登上了皇后的寶座。這一年，她三十三歲。

臥榻之側的隱患

宋太祖趙匡胤有一句名言：「臥榻之側，豈容他人鼾睡。」

武則天異常艱難地奪取了皇后之位，但是她身旁仍然潛伏著危機。這位女中強人並未忘乎所以，她要鞏固這個來之不易的勝利。一切對她可能造成威脅的人，她將不惜一切手段予以鏟除，即使是骨肉之親，也決不例外。

后妃之死

武則天被冊封爲皇后不久，有人向她報告一件事，著實讓她大吃一驚。她的殘忍和毒辣的一面再度被激發出來了。這是她繼殺死女兒之後第二次下定殺人的決心。但這一次是要讓被殺的人來償付女兒死去的代價。

原來，這天高宗李治下朝無事，命內侍陪著在御花園散步。他觸景生情，忽然想起幾個月前被他一氣之下貶爲庶人的皇后和淑妃來，想起她們常陪他在御花園嬉鬧的情景。畢竟，十多年的夫妻之情，怎麼會驟然忘卻呢？何況他不是一個冷酷無情的人。在易后問題上關隴集團的固執太讓他生氣、沒面子了。而今天回想起來，又覺得把王皇后、蕭淑妃整得太慘了一些，內心不忍。如今她們被打入冷宮，情況不知怎麼樣了？他從隨從那兒知道了王、蕭兩人的囚禁之處，即到後院去探望她們一下。

高宗來到後院，只見一間封閉得嚴嚴實實的石屋，雙門緊閉落鎖，只有牆角下留有一個小洞，可以遞送飯菜。高宗見此情景，心中大不忍，便喊道：「皇后、淑妃，你們在哪裡？」石屋裡的人聽到皇上的聲音，哭泣起來。王皇后一邊哭泣，一邊答道：「妾等既然得罪陛下，做了囚犯，恨不得立即死去，轉世再來侍奉皇上，怎麼還能享有這樣的尊稱？」淑妃則哭著求皇上道：「皇上如果還念昔日的情分，使我們重見光明，請皇上就把這院子取名爲回心院吧！」高宗勾起舊情，不勝悲痛，就安慰說：「朕想辦法，你們不要過於悲傷了。」臨走，王皇后還一再叮囑高宗早日來接她們。

武則天得知此事，非常氣惱，看來皇上還舊情未斷呢。她追問高宗行蹤，高宗竟否認去看過皇后和淑妃。武則天對高宗說：「皇上還否認呢。這不是讓人看我們的笑話？」武則天很瞭解這位柔弱重情的皇上。如果舊情難斷，將來關隴勢力改變策略影響皇上，利用他的這種性格作文章，自己的皇后寶座是坐不穩的，她的一切努力都是白廢。只有已廢的皇后、蕭淑妃這兩個人完全消失了，她才能把皇上的舊情逐步移開，並斷絕關隴集團向皇上施加影響之念。索性一不做，二不休，殺了這兩個賤人。

據說，她當即利用宮廷家法，下令將王氏、蕭氏各杖二百下，然後截去其手足，塞進酒瓮。王、蕭二人慘遭酷刑，哀號而死。臨刑前，王氏跪在地上絕望地說：「願皇上萬歲！昭儀當了皇后，妾只有死的分了！」蕭氏卻怒罵道：「阿武妖精，害我到這種地步，願我再生爲貓，阿武爲鼠，永遠咬她的喉嚨。」兩人死後，武則天下令改王氏爲蟒氏、蕭氏爲梟氏，因爲「王」與「蟒」、「蕭」與「梟」聲音相近。

武則天害死王氏、蕭氏，是她鞏固皇后地位的一個重要步驟。但對這一次殺人，她卻還是有點心悸的，據說她時常在宮中做惡夢，夢見她們血淋淋的樣子，還見到過她們的鬼魂。武則天對蕭氏臨終的咒罵有些害怕，曾下令禁止宮中養貓。這說明武則天既有爲鞏固地位殘忍凶殘的一面，也有一個常人、一個女人不忍的一面。只是隨著後來她在政治權術方面逐漸練達以後，才把殺人視爲政治鬥爭中不可缺少的手段並處之泰然。

改立太子

在害死后妃的同時，武則天心中還掛著另一件更大的事，就是改立太子。這是鞏固后位、排除關隴集團威脅的另一個關鍵性的行動。這樣一個重大而關鍵的事情，武則天是絕不會放過的。

武則天已有二子，長子李弘，次子則在即皇后位這一月所生，高宗給這個皇子取名爲李賢，並封爲潞王。也許正因爲生這個兒子，所以冊后儀式才推後一個月舉行。永徽七年（六五六年），燕王李忠被立爲皇太子，是因爲當時的皇后王氏無子。而現在，皇后武則天生了兩個兒子，按皇位繼承法，當然應改立嫡子，這名正言順，誰也反對不了。不過必須有人提出來，然後經過一定的程序，才能更易。這一任務當然又落在對武則天忠心耿耿的許敬宗身上。

為了顯示新皇后即位之喜慶，抑或也為更新政治，武則天勸高宗將下一年改為顯慶年號。顯慶元年（六五六年）年底，在武則天的授意下，禮部尚書、參知政事許敬宗上奏說：「永徽之初，皇后無子，等於沒有國之根本，所以彗星出現示以不祥。今皇后生有嫡子，日月都出來了，再舉火把取光沒有必要。怎麼反而以枝幹代根本，把衣褲倒穿呢？父子之間的事，別人不好說，但願皇上把嫡庶之關係處理好，大家也就安心了。」

高宗知道了他的意思，就把許敬宗召到密室，問許敬宗如何是好。許敬宗說道：「皇太子是國家的本根，本根不正，就不能拴住全國百姓的心。而現在東宮太子的母親出身低微，她知道皇上已有了嫡子，也不會安心的。應該及時把皇上的嫡子正式立為太子，把原太子安置好。這樣，也可使他們安心。願陛下作周密的考慮。」皇上說：「李忠已經要求辭去太子的位置了，朕就降封他為梁王，立武則天的長子李弘為太子吧！」

顯慶元年春正月辛未，高宗下詔以皇太子李忠為梁王、梁州刺史，立武則天的長子、代王李弘爲皇太子，以于志寧兼任太子太師，中書令崔敦禮爲太子少師，許敬宗、韓瑗、來濟等同爲太子賓客（東宮高級屬官），李義府兼太子左庶子。大赦天下，原太子李忠與母親劉氏淒然離宮回歸王府。時原太子屬官都害怕取罪，不敢相送，唯太子右庶子李安仁與李忠涕泣告別。武則天得知此事，對李安仁忠義之舉大加讚賞，請高宗提升其官職。這種類似於唐太宗的政治權術，竟讓高宗和大臣們感動不已。至此，武則天的后位終於穩固下來，可以鬆口氣了。

一　計殺三親

武則天的一生，注定要與殘忍暴戾爲伴。她每前進一步，必然要以他人的巨大犧牲爲代價。

在她入主後宮不久，新的對手又出現宮中，這就是她的胞姐韓國夫人及其女兒。

韓國夫人曾爲越王府法曹賀蘭越石之妻，生有一子一女。賀蘭越石在女兒不足一歲時就死了，韓國夫人年紀輕輕便成了寡婦。韓國夫人雖已生過子女，現在已四十有餘，但看上去姿色未衰；豐滿的體態、白淨的面皮、柔媚的舉止、甜美的笑容，不失中年婦人的風韻，嬌態不減當年。加之寡居日久，很能討高宗喜歡。特別是她的女兒，正值豆蔻年華，嬌小風流，宛若一朵含苞待放的鮮花，更撩得高宗神魂顛倒。有事沒事，高宗每天都要召這母女二人來寢宮談笑，有時還賜食賜宴，同賞歌舞，一來二去，這母女二人雙雙成了君王的枕席伴侶。高宗本來就「龍體欠佳」，有了這母女二人，更是托病不朝，武則天那裡也很少光顧了。

春風得意的武則天再一次嘗到了被冷落的滋味兒。但是，武則天並不是一個沒經風浪的女人，她已經侍奉過兩個皇帝，在這妒火燒身的後宮中生活了近三十年。當年，她以十四歲的小小年紀便博得了太宗皇帝的專寵，勢壓群芳，以後，又戰勝了與之爭寵的王皇后和蕭淑妃，在後宮中站穩了腳跟。她已是個久經磨練的情場老手，她完全有能力、有辦法使至尊的天子伏首於她的羅裙之下，讓一切競爭者身敗名裂。更何況，她現在已與皇帝共執國政，握有生殺予奪之權，何懼兩個僅憑姿色立身的女子？

所以看到姐姐和外甥女得寵，武則天心中並不慌亂，甚至毫無異樣的表現。表面上，她對姐姐和外甥女仍同往日一樣親熱，對見異思遷的君主也並無責備。相反，卻表現得更爲溫順。每日上朝，她悄悄地垂簾於後，忠誠地輔佐著病弱的君王，但在這同時，在那個朦朧的竹簾後面，一雙多謀的目光卻在窺視，一個報復狂的靈魂卻在等待，等待著給她所嫉恨的人以有力的一擊。

也許是天意，也許是巧合。在深冬的一個夜晚，她的姐姐韓國夫人突然得病死了。

據說韓國夫人的病很特別：驚悸、發燒、思維混亂，昏睡中總說胡話，大喊她活不成了，有人要殺她，宮娥們日夜守在她的榻前，緊握著她的手方能安靜些。

在病重的那幾天，除了貼身的宮娥外，韓國夫人不讓任何人進入她的屋子，一聽到有外人的聲音，頓時就渾身冒汗，驚坐而起，讓宮娥趕快把來人趕出去，甚至連皇上、御醫、她的女兒都被拒之門外。她的死是孤獨的、悲涼的，因她在垂危的時刻，已經趕走了包括宮娥在內的所有的人，而且命人緊緊地關上房門。

武則天以隆重的葬儀埋葬了她的姐姐。她表面上很悲涼。她去首飾，穿素衣，籍篙而坐，並親送於墓地。靈柩下葬前，她扶棺痛哭，哀嘆姐姐命苦。她還請皇上罷朝三日，爲之舉哀。然而，在她的內心深處，卻在暗自慶幸這次天助的勝利。

韓國夫人死後，高宗好多天都陷於沉重的悲痛中。這是眞正的悲痛，是迥異於武則天的悲痛。他茶飯無心，思念不已，每當想起韓國夫人的好處，常潸然淚下。爲報答韓國夫人的情誼，加封其女爲魏國夫人，還想冊封她爲妃嬪，只是因爲怕武則天不答應才未決定下來。

聰敏的武則天早已猜透高宗的心思，但她故作不知，不露聲色，弄得高宗想說又不敢說，那滋味兒十分難受。涉世尙淺的魏國夫人卻欣喜若狂了，爲博得君王一笑，她每天都要在妝臺前耗去好多時間，她很慶幸，很得意，卻絲毫不曾料到，她的行動已經引起了她的姨母的憎恨，她每向皇上獻上一分溫情，自己的處境也便增加一分危險。

這天，京城來了一些刺史，是來朝見皇上的。他們獻上了許多方物食品，以表示對皇上的虔敬。在這些人中，有武則天的從兄武惟良和武懷運。

二人到京後方在客館安歇，忽有內侍來報，皇后召他們去榮國夫人楊氏宅。二人不知何事，不敢違命。

使他們大爲吃驚的是，皇上和魏國夫人也在那裡。二人參拜已過，忽聽武則天道：「聽說他們帶來許多食品，要獻給聖上，何不取來？」

二人恍然大悟，忙說，是帶來一些食品，有柑、橙、白魚、糖蟹等。武則天聽罷，道：「聽說龍州的白魚是很鮮美的啊！聖上一定喜歡，何不烹牠幾尾，我兄妹與聖上共飲幾杯？」

高宗點頭默許。當下，武惟良兄弟派人將食品取來，跪獻皇上。武則天挑出幾尾白魚，令人送至廚下，並自到廚間囑咐再三。

宴席開始了。武則天把烹好的一盤白魚端到魏國夫人面前，面有哀容地說：「自你母韓國夫人沒世之後，我最憐愛你，你一心奉事聖上，也很辛苦，這獻給聖上的白魚就請你先嘗，也略表姨母一點心意。」

魏國夫人很感激，起身謝恩，說：「家母已逝，姨母勝於親母。甥女年幼無知，今後還靠姨母多多教誨。」說罷，便帶著一種難以名狀的榮譽之感，先嘗了白魚。

「誰知，魚方下肚，便覺腹痛，剎時間，口鼻流血，跌倒在地，慘叫幾聲，一命嗚呼。家宴上頓時大亂，皇上沒有了主張，伏在魏國夫人身上大哭不止。武惟良、武懷運更是亂了方寸，六神無主，顫抖著身子跪在地上，連呼：「這究竟是怎麼回事啊?!」

突然，武則天沉下臉來，厲聲喝道：「兩個忘恩負義的賊子，眞是惡毒至極，竟想用白魚毒死聖上！」

武惟良、武懷運爭相辯解，可是武則天哪裡肯聽，連請高宗趕快拿下這兩個逆賊。高宗信以爲眞，遂將滿腔憤怒都傾瀉到二人身上，兩兄弟糊裡糊塗地成了刀下之鬼。

自不待言，魚中的毒藥是武則天放的。一計殺三親這件事曾被後人大加指責，認爲她太殘忍暴戾，嫉妒心過重。其實，武則天之所以這樣做不僅僅是嫉妒和報復心的促使，而是由強烈的權勢欲所制約。她是一個不達目的絕不罷休的鐵腕女人，她的最終目的是獨攬國家大權。在走向擅權的道路上，她不允許任何人來妨礙她、影響她，即便是兄弟姐妹也毫不例外。

武敏之的下場

武則天當上了皇后，武氏家族也一下子顯赫了。武則天爲了那個並非遙遠的、令人神往的最高政治目的，需要武氏家族的力量，武氏家族的繼承人與武則天的雄心和事業休戚相關。

經過一番認眞的考慮，武則天把她的外甥、韓國夫人之子賀蘭敏之秘密召到自己的寢宮，對他說，準備讓他改姓尊貴的武姓，繼承他外祖父武士彠之嗣，襲爵周公，任弘文館學士、左散騎常侍。

這個消息使賀蘭敏之喜出望外。他困惑地直搖頭，認爲這是絕對不可能的事。因爲他的母親與皇后雖是親姐妹，但相互間的隔閡與仇怨已不再是秘密。有人還悄悄傳言，他母親的死很可能與皇后有關。對於他這樣一個人，姨母難道肯開恩賜官嗎？

武則天當然不會輕易賜官於人，尤其是對她的怨敵。對於賀蘭敏之，武則天是斟酌再三的。她注意到，自己的外甥未必能和她一心，而且，有朝一日，當他知道母親和姐姐眞正死因之後，很可能會復仇。但是，武則天是功利的崇拜者，她堅信，只要施以恩惠、誘以功利，完全可以化敵爲友，爲我所用，可以改變一切。

就這樣，她選定了賀蘭敏之。

如她所想像的那樣，賀蘭敏之感激涕零，叩頭流血，表示此生此世絕不忘姨母大德，一心效忠姨母，光大武家，不惜肝腦塗地。望著這個年輕俊美的外甥，武則天的嘴角上浮上了一絲得意的微笑。

不過，武則天很快發現，武敏之並不是她武家理想的繼承人。一天，親信太監向她報告：皇上懷念魏國夫人，密與武敏之共議往事。皇上流著淚說：「你姐姐死得蹊蹺，你知道些什麼嗎？」武敏之沒回答，但哭得很傷心，像是有什麼話不便直言。

武則天聽罷太監的報告，心想：武敏之必定知道了他的母親、姐姐的死因，一定會記下這仇恨，看來此人絕不可留！於是，她派人在暗中搜集武敏之的過錯，找機會把他除掉。

不久，武敏之被揭發了一件大逆不道的事：姦淫太子弘的妃子！這妃子是司衛少卿楊思儉的女兒，長得極美，被高宗和武則天看中，選爲太子妃。婚期將近，大禮未行，竟被武敏之逼迫姦淫了。此外，還有些人揭發，武敏之沉湎於聲色，與他的長輩、太原王妃淫亂，乃至王妃喪葬期間，他擅自脫去孝服，在家大陳歌樂。

這前前後後的罪過是可以定他以罪了，絕非「莫須有」之事。武則天起草了一紙奏疏，歷數武敏之的罪惡，請處流刑。此時的高宗已與武則天同掌朝政，皇后之意豈可駁回？他沒有經過怎樣考慮，便在奏疏上朱批曰：「可」。

咸亨二年（公元六七一年）六月，武敏之被囚入大理寺。草草審過，判以流刑，復其本姓，押往六千里外的雷州。朝中凡與賀蘭敏之有來往的，不少人都流放到嶺南。押至韶州時，押送卒把他帶到一個偏僻的山谷中，趁其不備，用馬韁繩將他勒死，然後，便返回京師，向武則天覆命去了。

大權在握

在中國歷史上，皇后多不勝數，由皇后當上皇帝的卻只有武則天一人。武則天三十二歲當皇后，六十七歲做皇帝，這其中三十五年的時間，她把李唐王朝經營得有生有色，更把自己的統治營造得牢不可破，最終取代李唐王朝。這個歷史的過渡，也許給了武則天很多難得的機遇，尤其是高宗皇帝的懦弱無能，使她得以走出帷幕，脫穎而出。但是她成功的關鍵還是在於她卓越的政治才能。正因如此，她才能克敵制勝，站穩腳根，獲得民心，獨攬朝政。所以，與其說歷史機遇造就了武則天，不如說武則天造就了她自己。

拱手皇帝

歷代開國皇帝，大都是天資極高、果敢英明的君主，而他們的後代則昏庸無能之輩居多。

蜀漢後主劉禪是中國歷史上著名的無能皇帝，而他的無能最主要表現在他自我意志的喪失，他信任諸葛亮到了一味依賴的程度。他曾說過：「處理朝政是相父的事，祭祀大典才由我主持。」在他的頭腦中，皇帝只是一個享樂者，無需為國家大事煩惱，一切應由臣下代辦，只有諸如祭祀大典這樣別人代替不了的事，才應由自己主持。因此，諸葛亮去世以後，他又對中常侍黃皓言聽計從。當著名將領姜維率兵攻打曹魏營寨，眼看就要取得勝利時，劉禪聽信黃皓讒言，一天之內連下三道詔書，召姜維班師回朝，使之失去了重要的戰機。當曹魏軍隊準備大舉進攻蜀漢時，劉禪又聽信黃皓讒言，不去考慮退敵之計，反而請巫婆占吉凶。巫婆說，國家不僅太平無事，數年後魏國領土也會歸蜀漢所有，於是劉禪不理備戰之事。結果蜀漢被魏國軍隊打敗，劉禪也投降了魏國。

西晉亡國之君晉惠帝司馬衷也是一個喪失自我意志比較突出的皇帝。他自登上皇位開始，就一切聽從別人安排，自己從不思維考慮，特別是皇后賈南風成了他思維的代勞人。然而，賈后專橫，將西晉搞得亂七八糟，惠帝也成了玩偶，一會兒被廢，一會又復位。正是由於惠帝不能裁定乾綱，不僅弄得天下大亂，使司馬懿兒孫三代建立起來的皇朝歸於覆滅，而且也使中國後來陷於二百七十餘年的分裂之中，直到六世紀末隋文帝時才再度統一。

一代英主唐太宗李世民死後，他的兒子高宗繼位，也就是唐高宗。高宗皇帝似乎還不能和劉禪、司馬哀相提並論，但是他的懦弱性格和優柔寡斷畢竟還是給了武則天走出後宮，脫穎而出的機會。

高宗身爲皇帝，但天份和才能並不高，性格柔弱無斷，而且身體狀況不佳。他患有頭痛病，視力也不好，雙臂麻木，時病時癒，常常不能在朝廷上接見群臣，即使坐朝，精神也不能專注。所以他不得不依靠武則天，大臣奏事，都由武則天在後臺決斷。武則天巴不得這樣。她生性聰慧機敏，涉獵文史，處理事情果斷得體。高宗皇帝很敬服她處理政事的能力和種種權謀手段，無不言聽計從。隨著病情的惡化，高宗越來越依靠武則天。於是，坐朝而不決政成了高宗的慣例，大臣們也習慣了這一現象。

武則天掌握了大權，她的親信也都隨之升遷。許敬宗、李義府這兩個武則天的膀臂，都升爲宰相。同時，武則天對高宗加強了控制，高宗有什麼行動往往都要受制於她，這時的高宗皇帝已經不啻於武則天手上的一個玩偶了。高宗意識到自己處境的不妙和可悲，但他已無法改變這種局面，只得吞下自己培育的苦果。

武則天在背後執掌朝綱，引起了朝中一些大臣的不滿，但因畏懼武則天而不敢外露，時機一旦出現，他們就會有所行動。

武則天崇尚迷信，有個叫郭行眞的道士經常出入禁宮，還爲武則天行咒詛與驅魔一類的巫術活動。宦官王伏勝向高宗告發了這件事。高宗氣得非同小可。行巫術是高宗最厭惡的，並已明令禁止。當年王皇后失寵便因爲行巫術。現在武則天又犯禁止，高宗哪能忍受？他馬上傳旨宣他的近臣上官儀進宮，打算與他共商對策。

上官儀精通經史，工於文章，是唐太宗的文友，太宗寫了文章，令上官儀先讀；寫了詩，讓上官儀唱和；每有宴會，上官儀必到。高宗即位後拜爲秘書監，進西臺侍郎、同東西臺三品。上官儀的詩章綺麗婉媚，時人稱之爲「上官體」，爭相效仿。上官儀雖工詩，但恃才仗勢，朝中不少人都嫉恨他。不過，高宗對他卻是極賞識的。特別是在當時已近孤立的情況下，上官儀更成了他爲數不多的心腹。

君臣見面後，高宗不勝其忿地說出了武則天的專恣，請他出個主意。上官儀沉思半晌，說：「皇后驕橫，天下共怨。以臣之見，莫如將她廢掉，以安人心，永保社稷。」高宗正在氣頭上，當即表示同意，並令上官儀馬上起草詔書，奪回武則天的鳳冠，像當年對待王皇后那樣把她打入冷宮。

但是，高宗的想法未免太天眞了。現在已不是八年前，武皇后也不是王皇后，皇權也名存實亡，旁落於他人之手，對這樣的事情已經難以隨心所欲了。高宗的廢后詔書還沒下宣，早有人把這個消息報知武則天，詔書的墨跡未乾，武則天已面帶惱怒，出現在高宗面前。

武則天一語點破了高宗的這一密謀，然後不卑不亢地陳述起這幾年她主持後宮，輔佐皇上的往事，並委婉地、卻是嚴厲地質問皇上，爲何不顧夫妻之情，妄棄無辜。怯懦的皇帝本來就對武則天有三分畏懼，而今面對武則天的威嚴，他更加膽戰心驚，不知所言。他收起了詔書，向武則天道了好一番不是，深悔自己的過錯。武則天微微一笑，拂袖而去。

此後，高宗再也不敢有廢武的念頭，對武則天待之如初。即便這樣，他仍驚魂難定，唯恐武則天怨怒。為了開脫自己，博得武則天的笑顏，他將這件事一股腦兒推到上官儀身上。說當初並無此心，完全是上官儀慫恿的結果。

對皇上一片忠心的三品重臣上官儀成了替罪羔羊。他被無情地拋給了武則天，他不可能再進行辯解，只好伸出脖頸，任人宰割了。

武則天要殺上官儀，易如反掌。但她不願落個妄殺大臣的罪名，她必須尋個藉口。許敬宗提醒她，上官儀和宦官王伏勝都曾服事過已廢的太子李忠。李忠當陳王時，上官儀當過王府的五品諮議參軍，是李忠的舊屬。

許敬宗的提醒使武則天頓開茅塞。她想，李忠雖說在四年前已被貶到黔州，但「慶父不死，魯難未已」，其人既在，終究是個隱患。何不來個一箭雙鵰，將他們一併除掉？這樣，既可解除心腹之患，又可報今日之仇。她計議已定，當即讓許敬宗起草了一份奏章，稱上官儀和王伏勝串通李忠，密謀作亂，傾覆帝室。

高宗閱過這份「莫須有」的劾奏，心裡暗暗為上官儀和王伏勝叫苦。但是，他能說什麼呢？即便說了又有何用呢？他嘆了口氣，批准了許敬宗的奏章。結果，上官儀被投進牢獄，與其子庭芝、王伏勝皆處斬首。與此同時，賜李忠死於囚禁之所，又株連了朝臣多人，凡與上官儀有聯繫的都被流貶。武則天的敵對勢力又受到一次狠狠的打擊，高宗皇帝更加孤立了。

從此以後，高宗每日視朝，武則天則垂簾於後，政事不論大小，都由皇帝、皇后二人決斷，天下大權悉歸中宮，生殺予奪，皆取決於武則天之言，天子形同虛設，群臣上朝，萬方表奏，都呼為「二聖」，武則天權勢之大，只差沒有帝號了。

建言十二事

武則天深知，要樹立自己的權威，僅靠專制是不夠的，還必須有一套正確的治國方針，以顯示自己的帝王之才。武則天完全相信，也有能力駕馭群臣，自己有能力治理天下，幹一番轟轟烈烈的事業。於是，她結合自己執政中的得失和自己所處的實際情勢，以及對國情民意的分析，經過幾年的思考，在公元六七五年一月提出了自己的施政大綱十二條請高宗定奪，這就是歷史上所謂的「建言十二事」。其內容為：

1. 發展農桑，減輕賦稅和徭役。
2. 京師附近的百姓免除租稅和徭役。
3. 停止對外用兵，以道德教化天下。
4. 普天之下無分南北，不論宮內宮外一律禁止浮華浮巧。
5. 避免大興土木，節約開支和勞動力。
6. 廣開言路。
7. 杜絕讒言。
8. 王公以下都要學習老子的《道德經》。
9. 父在母亡，為母守孝三年。
10. 上元元年以前，有功勞的人已發給委任狀的，無須再進行考核。
11. 京官八品以上者增加俸祿。
12. 文武百官任職已久，才能高而職位低的，可以越級晉陞。

在十二事中，武則天一方面要表明自己是李唐皇權的忠實維護者；而更重要的是，提出了要以道家思想作爲統治思想的理論基礎，實行無爲而治；然而，無爲而治在當時最重要的是停止戰爭，第三事息兵，以道德化天下，就把這兩者具體而微妙地結合在一起了。一、二、四、五等事中提出的輕徭薄賦，發展生產，都是在這個思想指導下展開的。六、七事提出的廣開言路，杜絕讒言，要求建立良好的政治風氣，也是爲了保證這個方針的實行。第九事，父親健在，爲母親的服喪期由一年改爲三年。表面是要把女性的地位提高到和男性的一樣，實際是爲自己要以一個女子來掌權而製造輿論。最後三事中提出的勛官已給告身（證書）的不再追核，八品以上官員增加俸祿，低級官員久不提升的晉級，則是滿足中小地主和下級官吏的要求，以換取他們的支持。

十二事具有很強的針對性，適應了唐在邊疆由進攻轉爲防禦、中小地主和中下級官吏要求在政治上進一步發展的客觀形勢。武則天建言十二事說明她再次抓住了潮流。高宗皇帝對此很是讚賞，下詔褒獎讚美，並令各部門實行。

爲了起到表率作用，號召臣民重視農桑，武則天竟打破慣例，在洛陽邙山之南以隆重的規格舉辦親桑親耕活動，並要求朝中百官及各地朝覲使者都來參加。她想藉由這一舉動表示她獎勵農桑的決心。

公元六八一年春天，河南、河北一帶都因上年遭受到嚴重的水災，春荒嚴重。武則天帶頭捐出脂粉錢，還把按皇后服飾制度穿的有十二道褶襇的羅裙，下令改為七道褶襇，以表示節儉，減輕人民負擔。高宗為此很感動，他在給雍州長史李義玄的詔書中說：「朕想使風俗淳樸，讓天下的人都能勤儉。現在聽說有不少懶漢不很好地務農事，如此一遇到災荒，就會挨餓。那些花色繁雜的綾羅錦緞和花襇裙等，費工很多，浪費人力。天后是我的妻子，她只不過穿七褺的襇裙，這並不是她不喜歡漂亮，而是要帶頭節儉。現在，那些紫服赤衣，民間公然服用，而那些商賈富人還厚葬死人，越過規定的禮節。對這些要嚴加禁止，使他們不再如此。」皇后親自帶了好頭，高宗在指令臣下大興勤儉之風的時候氣也壯了許多。

武則天的建言十二事和她的身體力行，使她獲得了廣泛的支持，逐步贏得了人心。

「大義滅親」

高宗深深感到，武則天絕非尋常女流，她的政見、她處理國事的能力都是頗爲卓越的。高宗爲有這樣一個內助而高興，但是，當他看到武則天那強烈的權勢欲和千方百計地籠絡人才、排除異己的時候，卻也不無擔心，他甚至驚恐地想到，照此下去，在他百年之後，大權落於誰手都未可知。於是，他企圖削弱她、廢掉她，但未能如願以償。而今，武則天勢力漸大，憑著他這樣一個病弱的皇帝更是無能爲力。他清醒地看到了形勢的嚴峻，他服輸了，他無法再與武則天匹敵。於是，他想到徹底地退卻讓權，由武則天獨掌國政，自己圖個清靜，安逸地度過他的殘年。

高宗把這個打算告知幾個宰相，徵求他們的意見。話剛出口，便受到郝處俊的強烈反對。郝處俊說：「《禮經》說：『天子理陽道，后理陰德』。帝與后，好比日與月、陽與陰，各有所主。外內和順，陰陽諧調，國家才能治理。陛下不遵此道恐怕會上逆天理，下負民意。過去魏文帝曾有言，在他駕崩之後不許皇后臨朝。現在陛下卻想傳位給天后，甚爲不當，況且，大唐基業乃高祖、太宗二聖所開創，陛下理應謹守宗廟，傳之子孫，怎能送予她呢？望陛下三思而後行。」

平日，高宗對郝處俊的話是比較重視的，今見這個最信任的大臣第一個反對他向天后讓權，也不禁想到，天后雖有威德，但畢竟是後宮之主，大唐姓李，不能姓武，先帝開創的基業應該代代相傳，以至無窮。這時，中書侍李義琰等人也都說，處俊之言至忠，陛下應予採納。高宗聽信他們的話，不再考慮讓權給天后的事，決計禪位給太子李弘。

李弘是高宗和武則天的第一個兒子。李弘性情仁孝，對大臣謙和有禮，威信較高。高宗很喜歡他這個兒子。但武則天對自己的兒子卻不怎麼喜歡。這是因爲太子弘愛讀《禮記》，篤信「安上禮人，莫善於禮」、「不學禮，無以立」這一套說教，喜歡按部就班，因循守舊，缺少進取的勇氣，此外，他過於仁慈，性格懦弱，這一點，與武則天的性格是大不相同的。還有，太子弘從正統思想出發，不大支持她母親執掌國政，認爲這樣有乖古禮，因此更失愛於武則天。

如果說在高宗準備禪讓之前，武則天與兒子李弘的關係不好主要在於性情不和的話，那麼，當李弘即將成爲大唐新主之時，他們母子關係的緊張則完全在於政治上的對立。

問題是這樣尖銳地擺在武則天面前：如果李弘繼位，大唐繼續姓李，她的雄心勃勃的政治抱負便要付諸東流。她絕不滿足於當一個位尊而無權的太后，也不願仍然像現在這樣與君主共執國政，她要獨攬大權，她要君臨天下，她要大唐姓武！她不能容忍除她以外的任何人承繼君位，包括自己的親生兒子。在她看來，母子之情是制約於權力和政治的，如果母與子在權力的角逐中遭遇，那麼，同樣只有你死我活的爭鬥，捨此，決無其他選擇。

於是就有了「合璧宮命案」。

合璧宮是近年來高宗新營造的一座宮殿，建築豪華，金碧輝煌，且配以假山池水，四方花卉，宛若仙境。一天，皇上皇后在合璧宮與太子弘同賞歌舞，共赴盛宴，極盡歡樂。武則天還親賜食物，以示慈愛。可是，就在這一家人盡享天倫之樂的時候，太子李弘突然死了。御醫說，他得的是一種急腹症，因酒食過量所至。但是，深知內情的太監卻心中有數：那夜晚，是他奉天后之命，在太子弘的醒酒酸梅湯中放了毒藥。

太子弘之死使高宗悵然若失，精神恍惚，病情又加重了幾分。不久另立李賢為皇太子。

新立的皇太子李賢是高宗和武則天的第二個兒子。李賢容貌俊秀，舉止端重，自幼喜歡讀書，過目不忘，深得高宗喜愛。他曾對大臣說，李賢嚴於律己，不失為成就大業之材，如果其他幾個兒子都能這樣，大唐江山還有什麼憂慮的呢？後來李賢聲望日高，武則天漸生嫉心，唯恐兒子會影響自己的大事。於是先以李賢「頗好聲色」予以警告，後又以謀反為名，將李賢廢為庶人。

不久，庶人李賢被流放距京師兩千三百里的巴州。李賢在巴州萬念俱灰，精神抑鬱，有感於朝廷之事和自己的遭遇，作了一首黃臺歌詞，詞云：

種瓜黃臺下，
瓜熟子離離。
一摘使瓜好，

再摘使瓜稀，
三摘猶爲可，
四摘抱蔓歸。

此詞是李賢發自內心的聲音，它傾吐了自己的痛苦，飽含了難以抑制的怨憤。不知何故，這首歌詞竟不脛而走，傳到了武則天耳中。武則天當然不會置若罔聞。她以「探視」爲名，派人前往巴州，將李賢囚禁起來，逼令其自殺。就這樣，哀嘆「瓜熟子離離」的庶人李賢終於也如瓜兒離蔓，走到了他生命的盡頭。

神都攝政

公元六八三年十二月，五十六歲的高宗駕崩於東都貞觀殿。七天後太子李哲在高宗靈柩前即位，更名爲李顯，尊武則天爲皇太后。李顯就是唐中宗。他性情柔順，很懼怕他母親，一切政事均歸武則天裁決。

武則天成爲太后之後的第一道措施是安撫宗室諸王，使他們安於現狀而不製造事端；第二道措施是確定新皇帝的宰相班子，穩固中央政權；第三道措施是派得力將官加強全國各要地的鎮守，以防不虞之事發生。

就在高宗去世後短短的十幾天之內，武則天砍出三板斧，果斷及時，井井有條，一下子就穩定了高宗去世後的內外局勢，加強了中央和地方的統治力量。這不能不使朝野敬服。

就在武則天大刀闊斧，進一步獨攬朝政的時候，她的兒子中宗皇帝卻在那裡大封國戚。

高宗去世的第二年春，中宗改年號爲嗣聖元年，大赦天下，立太子妃韋氏爲皇后，將皇后之父韋玄貞由普州參軍提爲豫州刺史。韋玄貞剛到職，韋皇后又請中宗皇帝再爲其父加官。中宗應允，準備再提拔他的岳丈爲尚書省長官侍中，進位宰相，還想授予他乳母的兒子五品官。但是，這道任命未能落實，反倒引起一場軒然大波。

首先是宰相裴炎進宮諫阻，勸皇上應因才賜官，勿私親戚，以免引起朝野議論。中宗皇帝也許是因爲初登帝位，對利害缺乏周密權衡，根本聽不進裴炎的勸告。他很不滿地說，他是一國之君，有權選官任人。韋玄貞是大唐國戚，把天下都給他也不算過分，賜一個侍中，有何不可？

裴炎碰了硬釘子，只好向太后武則天訴說。武則天聽罷，心中燃起憤怒之火。她想，皇帝不過是剛登大位，尚未布政天下，卻要大封親戚，私樹黨羽，這樣下去，大唐豈不要成了韋家的天下？韋玄貞既非元勛，又無奇能，不過一個小小的參軍，有什麼資格入朝當宰相？皇帝眼中只有韋家，把我這個皇太后置於何地？此兒既不爭氣，我一定要給他點顏色看看。我可以立他，也可以廢他，我絕不能看著他一意孤行！

她對裴炎說：「皇上弄權，大臣理應諫阻，你做得對，難得你對大唐一片忠心。」同時，密向裴炎說出了廢立之意，裴炎聞聽，大吃一驚，以爲自己說錯了話，請太后寬恕。武則天正色道：「廢立大事，豈能戲言？我意已決，你能否爲我效力？」

裴炎入處朝中，深知武則天爲人，他也敏銳地看到武則天並不滿足於母臨天下，她有著更爲遠大的意圖。裴炎更知武則天的威勢，他認識到，皇上不過在她的操縱之下，並無實權。今見武則天打定主意，他哪敢不從？遂即跪地叩拜，說他身爲朝臣，自當爲國效命，爲了大唐帝業，他不怕赴湯蹈火。武則天囑咐他，一定要愼密行事，萬勿打草驚蛇。

幾天後，武則天集群臣於東都乾元殿，裴炎等率兵進宮，當眾宣讀了太后的聖旨，廢中宗皇帝爲廬陵王。聽此宣敕，中宗皇帝大驚失色，跪問：「兒受詔繼位，不過數日，一直勤於國政，不知因何獲罪？」

武則天威嚴地說：「天下乃大唐的天下，你想把天下奉送韋玄貞，怎說無罪？」中宗皇帝還想辯解，只見大殿前刀光閃耀，兵將齊集，大殿上沒有一個大臣敢替他說話，心中一陣慌張。他自知事情已不可逆轉，難拒太后天威，只好心灰意冷地走下皇帝的寶座。不久，李顯之子皇太孫也被廢爲庶人。李顯岳父韋玄貞被流放到欽州。

接著，武則天又立李旦爲皇帝，這就是唐睿宗。李旦是李顯之弟，高宗第八子，時年二十二歲。這李旦是個道道地地的新傀儡。他不過得了個皇帝名號，毫無實力。他被安置於別殿，不許干預國家大事，大權完全控制在武則天手中。

留守西京的老臣劉仁軌對武則天專權有些不滿，便上疏說，他老了，身體多病，不堪受此重任。在奏疏中，還陳述了漢朝呂后專權的事，勸武則天以呂后為鑒，免得為後人所貶責。

武則天有些生氣。但因劉仁軌是前朝老臣，曾奉事太宗、高宗兩代皇帝，並因忠耿直言受到過太宗皇帝的獎賞，不好治他以罪。再說，武則天治理天下，也需要這樣的人輔佐。所以，見到劉仁軌的奏章，她並未動怒，而是派她的侄子武承嗣帶上她的親筆信前往劉仁軌宅中撫慰。

信中說，當今皇上昏暗，我且代親政，不過是為了大唐的帝業，國家的安定。你不肯留守京師，又上疏用呂后事勸誡我，使我受益很深，愧慰交集。你有忠貞的操行、耿直的品格，是古今少有人能夠相比的，你的話怎能不使我引以為戒呢？況且，你是先朝老臣，德高望重，遠近聞名，我素來對你十分敬重。我今方執朝政，面臨著許多困難，希望你多給予幫助，萬勿因衰老而推卸責任。

武則天這封親筆信誠懇而溫和，字裡行間充溢著對老臣的敬重和虛心聽取意見的精神。但是，明眼人一看便知，武則天不過是巧施權謀而已。她給劉仁軌戴了那麼多高帽，不過是企圖說服劉仁軌這個有影響力的老臣爲她效勞。至於劉仁軌會不會照辦，只要他稍稍體味一下這封威不外露的書信的眞意，便會很快作出抉擇。兩條道路利害分明地擺在劉仁軌面前：要麼忠於太后，繼續他的高官顯位；要麼抗拒聖旨，咎由自取。劉仁軌不是個不識時務的人，他知道何去何從。

打發了這位前朝老臣，武則天便安心地在淺紫色的帳內視朝聽政，皇帝幾同虛設。這時的武則天已成了事實上的女皇。闖過了險風惡浪，經過了近三十年的苦心經營，這個多謀而又剛強的女人終於在六十一歲時實現了她的願望，掌握了大唐的最高權力。她勝利了，一批又一批的對手都慘敗在她的手下。

天意與民意

輿論，對於一個政治家來說是必不可少的。俗話說：「三人成虎」，又說：「人言可畏」，可見輿論之重要。封建君王製造輿論的本事並不亞於掌握了高技術工具的現代人，尤其在他們舉事創業，登基臨位之時，運用輿論更是爐火純青。據說周武王伐紂時，率大軍渡過孟津，到了黃河中流，有一條白魚從水中跳進周武王的船上，周武王取白魚祭神；渡過孟津後，有顆赤色的流星落在周武王所住的房子上，然後化爲一隻烏鴉。武王和大臣們都認爲這是吉祥的兆頭，說這是上天示意支持周武王。這大概是歷代帝王和臣子們尋找祥瑞之物製造輿論的先河。

後來，陳勝、吳廣準備起義造反，他們說在魚肚中發現了寫有「陳勝王」三個字的布條，於是，那些兵士便推陳勝爲首，在大澤鄉揭竿而起；劉邦爲了證明自己是眞命天子，說他擔任亭長時，在押送囚徒的途中曾經酒後斬殺了一條白蛇，而這條白蛇是白帝子的化身，斬白蛇的人就是赤帝子的化身；隋朝開國皇帝楊堅稱帝的根據更爲直接，說他生來有異相，左右兩手的掌心下端各有一迴旋螺紋，迎著太陽，掌紋組成一個「王」字，眞可謂是天生的龍種。如此等等，不一而足。

武則天對老祖宗的這一套把戲十分熟悉，並且深諳此道，她比前人更高明，更有氣派。

天授聖圖

武則天想名正言順地當皇帝，必須要找到合法依據。古代建國，不論是打來的江山還是篡奪的江山，都設法找到合法的根據，這樣才冠冕堂皇，不與正統的君權觀念相違背，以冀得到臣民的擁戴。武則天當然也要遵守這個慣例，使自己奪取皇位儘量順利一些。

很巧的是，武則天想找依據，依據就送上門來了。

公元六八八年四月的一天，武則天在她的宮殿裡接見了一個叫唐同泰的雍州人。唐同泰是來向武則天上奏表的，同時還呈上一塊石頭。上面刻著「聖母臨人，永昌帝業」八個大字。唐同泰說這是他無意中在洛水中打撈上來的。武則天看了十分高興，認爲這是自己名正言順當皇帝、統治天下的祥瑞之兆，可以爲自己大造輿論。於是她將此石賜名爲「寶圖」，並封唐同泰爲游擊將軍。五月裡，她下了一道詔書，說天降「寶圖」，應親至洛水拜受，並命諸州都督、刺史及宗室、外戚等在拜洛前十天聚集神都，屆時同去洛水。武則天還以「寶圖」上的刻字「聖母」自詡，加尊號爲聖母神皇。

七月間，武則天大赦天下，更名「寶圖」爲「天授聖圖」，封洛水爲永昌洛水，封洛水神爲顯聖侯，禁止在洛水打魚和垂釣，祭祀和長江、淮河、黃河、濟水的規格相同，又命名「寶圖」所出之處爲「聖圖泉」，在泉側設置永昌縣。隨後，率領一支隊伍浩浩蕩蕩的前往洛水。

據史書上說，這轟動唐廷的「天授聖圖」不過是武承嗣導演的一幕鬧劇。這塊石頭根本不是什麼「瑞石」，而是他秘密派人鐫刻，投入洛水的。此後，他又指使唐同泰下水求石，假稱祥瑞，進獻給武則天。他這樣做，是企圖製造「天授皇權」的輿論，使武則天名正言順地登上女皇的寶座，他自己也可實現繼皇嗣的美夢。

武則天並未懷疑這件事的眞實性。這並不難理解。因爲武則天朝思暮想當女皇，但又擔心朝臣的不服和傳統觀念的阻礙，特別需要輿論上的幫助。而上天的示意則是最有力、最令人信服的輿論。天莫大焉，天莫尊焉，天的示意任何人都不可違背。武則天巴不得得到這種天的「天意」，使自己榮登皇座蒙上一層「受命於天」的神秘色彩，成爲理所當然的事。

武承嗣假造的瑞石正好符合她的心意。所以，她藉此機會興師動衆，大造輿論。一時間，「天授聖圖」成了舉朝上下議論的話題，種種離奇的傳聞，蠱惑人心的說教，編織成一種神秘的、具有強大控制力的網。在它的籠罩下，心存異議的朝臣緘了口，傳統的舊觀念失去了威力，人們的意識也開始出現了一些奇異的改變：當皇帝不僅是男人們的事，女人照樣可以穿龍袍、戴皇冠。這是天意，天意是天然合理的。

佛的預言

既然天意昭昭，武則天也就應該心安理得了。可是她仍不滿足，她要把事情做得天衣無縫，讓滿朝文武、天下百姓心悅誠服地擁戴自己登上皇帝寶座。

首先，她從《周書．武成篇》中找到了依據，認爲「武成」與自己姓氏相合，是武姓稱皇的預言和先兆。於是，在永昌元年六八九年十一月，廢去夏曆，改用周曆，以這年的夏曆十一月爲載初元年正月。這僅是武則天改朝換代一切更新之開始。

與此相伴隨，武則天還將十幾個在詔書、祭祀中常用的重要的字改成新字進行頒布推廣。這些新字是由她的堂姐之子宗秦客所造的。宗秦客有些小聰明，對這位姨娘極盡奉承之能事，早就勸武則天稱帝，像所有的武家外戚一樣，他也由外戚而變宗室，讓子孫後代永享富貴。

像其他女人一樣，武則天也深受男尊女卑的觀念之害，連名字都沒有，沒有名字怎麼能當皇帝，將名字寫在史冊呢？「武氏」這是一種對武則天歧視的稱呼，決不能以此來把自己寫進歷史，武則天希望有一個響亮而能體現她的地位身分和業績的名字。宗秦客正是迎合了她的這一需要。武則天自己取名字爲「照」，宗秦客把「照」改成「曌」字，這字不僅巧在是「日月當空，恩被天下」的寓意上面，而且還巧在這個字對儒士的攻擊作了回應。儒士認爲武則天是女子，只能主「陰」不能處陽位、當皇帝。而現在武則天名字裡既然包含了月，又包括了日，月爲陰，日爲陽，陰陽調和，主宰天下。所以這個名字是對武則天地位的一個生動而眞實的寫照。也是武則天與習慣勢力賭氣、造其輿論最妙的方式。

在儒家經史裡面，她能做的文章就只有這些了，其他的東西幾乎全是對她不利的東西。道教她曾經遵奉過，但那是李家的東西，是他們做同樣的文章時已經用過的舊東西，她現在肯定不能用。好在武則天曾經讀過三年多的佛教經典，也曾經做過三年的空門釋子，在佛教上她很有靈性。一想到佛，她就記起了那時曾讀過的大乘佛教經典，似乎有女身受記爲轉輪聖王成佛的教義。她命人到白馬寺翻檢佛經。經過幾個晝夜的查找，終於找到一部《大雲經》，裡面有女身稱王的經文。

經文的第四卷，有一段佛對淨光天女說的話：「天女，當時的王夫人就是你身，你在佛那裡聽過《大涅槃經》，由於這個緣故，現世能夠上天。捨棄你的天身，就以女子當一國之王，得轉輪王所統領的四分之一的土地。你在過去是菩薩，爲了感化生靈，變現爲女身。」武則天一見，覺得很有意思，可以用佛理把自己裝扮成一個轉輪女身，當人間皇帝，誰能去反駁論證她不是呢？

經文的第六卷就更爲直接了，上面寫道：「我死後七百年，南天竺有一個叫做無明的小國，那國中有個名叫等乘的國王，他的夫人生了一個名叫增長的女兒。她容貌端麗，人人敬愛，遵守佛教和戒律，精心修養不倦，那個國王因爲生了這個女兒，所以年成豐收，快樂無極，人丁興旺。後來國王突然死去，那時諸大臣就請這個女兒繼承王位。女兒繼承王位後，威嚴使天下都臣服。東方諸國都來奉承，沒有敢違抗的。」這簡直說的就是武則天，只是她的父親不是國王罷了，其他的事可說是一模一樣。武則天興奮起來。什麼女人不能當皇帝，全是假話，是儒家男人哲學的霸道，女人治國就天下大亂嗎？不！自己治國三、四十年，百姓不照樣過得好好的，天下不照樣太平無事，佛經裡記載的不也是「天下人都臣服」嗎？她要讓天下人都看看這部經典，開化開化頭腦。於是找高僧對經文舊譯再進行新的詮釋，頒行天下。

佛意較之天意有著更權威的力量。武則天在得到天意之後，又罩上了佛的靈光，人們還能說什麼呢！

民意如此

天意也好，佛旨也罷，其實武則天最看重的還是民意。在這方面，她似乎很有信心。

也許輿論已經相當可觀了，迫不及待的武氏外戚便開始瘋狂地活動，網羅黨羽擁戴武則天當女皇。朝中一些低層官員和地方州縣官員也表示擁護，獻忠心，擁護武則天的人一時聚集成群，到處是一片武則天的頌歌和勸進的歌聲。而那些熟讀詩書的儒生們，有的見大勢已去，樂得跟著呼喊，把擁護李唐之心移轉向擁護武氏，以保權位，這些人本已是開口稱「陛下」，閉口稱「老臣」，轉變起來不覺得太彆扭。有的則表面上擁護，而心裡則不然，面對才識、勇氣過人的武則天，他們心裡充滿矛盾：是擁護這位的確讓他們佩服的武則天當皇帝，把士大夫的腐氣和臉皮拋開，甘當新王朝的順民？還是恪守士大夫理想，堅守忠貞，鼓起勇氣指斥其「篡奪」正統的大逆不道行爲，博得青史留名？他們決定不下，眞可稱得上是「首鼠兩端」。有的則暗蓄報國之志，既然當過李唐江山的看守，食過李家的俸祿，豈能折節另事他姓的天下，因此準備隨時挺身而出，挽狂瀾於既倒。但又懼怕武則天的威儀和那幫無法無天、如狼似虎的酷吏，不敢貿然動手，也樂得暫時吃武則天的俸祿。不過，接受也罷，不接受也罷，武則天稱皇帝已是勢在必行。觀念的轉變總不是一時一刻的，特別是受過良好教育的儒士們。

有奶便是娘的人主要是小人物，一場更新對他們來說總是最有利的，告密能使一個平民做五品官，擁戴足可以讓小人物陡然變爲大人物。公元六九〇年九月，大概是剛從八品官提拔上來不久的侍御史傅遊藝率關中百姓九百餘人匯聚東都向武太后上表，請武則天當皇帝，改國號爲「周」，賜皇帝武姓。這明顯是一次有組織的勸進活動，否則不會連國號都與武則天心中擬定的一致。當然，武則天不會去組織，很可能是武姓外戚見時機成熟而發動和收買的。古代雖沒有選票一說，但投贊成票與反對票的比較效益是愚人都會盤算的，不投武則天這一票會有殺頭危險，而投她的票則有銀子可賺，可能跟著得到升官等特殊待遇，兩者比較起來肯定後者合算。既然有人找上門來發動拉選票，也就不惜徒步數百里，跟著起鬨。因此可以說第一次勸進並不是眞實的，但緊接著引來一次眞實的請願活動。

傅遊藝帶頭請願沒有得到武則天的許可，但傅遊藝馬上被提拔爲給事中。這是一個再明顯不過的暗示。此時，朝野都覺得到了該表態的時候了。於是朝野百官一個不拉的上表來了，外戚更積極，宗室無可奈何、虛情假意地來了，遠近百姓來了，百部酋長、僧尼道士也來了，很有代表性地匯集達六萬餘人。他們或是出自眞心、或是投機、或是出於無奈、或是起鬨看熱鬧，都上表請太后當皇帝，如傅遊藝等所請。他們說：「天意如此，人誠如此，陛下何以辭之！」皇帝李旦也上表自請賜姓母親的姓氏。

次日，君臣上朝，有大臣還報告說：有鳳凰從明堂飛去。還有數萬隻赤雀聚集在朝堂上。這表明是太后稱帝的吉祥徵兆。大家堅請太后稱帝，接受天賜之吉兆。當然，如果眞有鳳凰這一物種，而且那麼有靈性，就應該飛到上陽宮後不飛走了，起碼停留到武則天親眼看到。武則天也知這是謊言，但百官從以前爭言女主執政、國家不祥，到如此一致地爭獻祥瑞，她很欣慰。她想：不久以後，她的新朝代終究會讓他們接受，他們終究會做她的順民忠臣的。現在，既然他們一致敦請，武則天也就不忸怩了，她本來就是一個果斷勇敢的女人，演這齣戲也是她迫不得已的。

於是，武則天同意皇帝及群臣之請。經過一番緊張的準備，武則天駕臨則天門樓，戴上皇帝的冠冕，穿上龍袍，向天下宣布改唐爲周，改元天授年號，尊號爲「聖神皇帝」。同時，以皇帝爲皇嗣，賜姓武氏。皇太子轉爲皇孫。這一年，武則天已是六十七歲的高齡了。

中篇　吐故納新

夫人臣之於君也，猶四支之載元首，耳目之為心使也，相須而後成體，相得而後成用。故臣之事君，猶子之事父，父子雖至親，猶未若君臣之同體也。故虞書曰：「臣作聯股肱耳目，余欲左右有人，汝翼，余欲宣力四方，汝為。」故知臣以君為心，君以臣為體，心安則體安，君泰則臣泰，未有心瘁於中而體悅於外，君憂於上而臣樂於下。古人所謂共其安危，同其休戚者，豈不信歟？夫欲構大廈者，必藉眾材，雖楹柱棟樑栱櫨榱桷長短方圓所用各異，自非眾材同體則不能成其構。為國者亦猶是焉。雖人才能天性殊稟或仁或智或武或文，然非君臣同體則不能成其業。故周書稱：「殷紂有億兆夷人離心離德，此其所以亡也；周武有亂臣十人同心同德，此其所以興也。」

——武則天《臣軌》

清除異己

武則天當朝執政，實在是驚天動地之舉。無論文武百官還是平民百姓，這永遠是無法接受的事實。自古以來，篡權奪位，是彌天大罪，女人當權更是褻瀆神靈。所以武則天執掌朝政幾十年，謀反之舉連連發生，尤其執政之初，更是危機重重，先有徐敬業起兵造反，後有宗室諸王叛亂。做了皇帝以後，圖謀不軌者也大有人在。

公元六九一年除夕之夜，女皇正在洛陽宮守歲，稟事太監忽然送來一信，信中說，陛下以婦人而登大寶，這是亙古未有的事。古人云，聖主臨朝，百靈相助，而今眞的應驗了。上林苑出現了一樁奇事：牡丹一如臘梅那樣凌寒傲雪開花了，這是新春之時本朝一大盛事，是天降吉兆，請陛下前往觀看。

草木生長都遵循一定的時令，牡丹怎麼會在隆冬季節開花呢？多疑的女皇警覺地想到一件可怕的事。她暗地派人去上林苑查看，果然是一個騙局。牡丹開花是假，有些人想趁武則天觀花之際加以謀害是眞。於是，武則天揮筆寫下一首詩：

明朝遊上苑，
火急報春知。
花須連夜發，
莫待曉風吹。

關於這首詩，古往今來有不少傳說，還衍生出許多離奇的故事。有的說這是武則天專橫和愚昧的證明，對花木也行使天子的威嚴。還有的說，武則天下此詔令後，百花眞的開花了，唯獨牡丹不開花，武則天大怒，就把牡丹貶到洛陽。誰料牡丹一到洛陽，因水土和環境適宜，反倒開得更茂盛了。

其實，這首詩不過是一道不露聲色的密令。武則天用隱語暗示：明天早上我將去上林苑觀賞隆冬開花的牡丹，請將這個消息火急告訴禁衛的官兵，要連夜作好準備，萬萬不可遲疑。

關於這次陰謀的元凶及平息經過，史書上不見記載，只是《全唐詩》在輯錄這首詩時有這樣一句話：「天授二年臘，卿相欲詐稱花發，請幸上苑，有所謀也。許之，尋疑有異圖，乃遣使宣詔云云。」

頑固的一貫勢力和一次次的叛亂造就了女皇的鐵血手腕。她曾經在《臣軌》說，君主好比人的頭腦，臣下好比人的四肢，君臣一體，同心同德，國家才能興旺，君臣離心離德，國家必亡。面對叛臣、反臣和離心離德之臣，她只有一條路：堅決鎮壓和打擊，絕不姑息。於是她導演了一幕幕血腥的清洗。

兩朝元老之死

武則天不愧爲鐵血手腕的政治家，她始終沒有忘記自己的政敵，一有機會便大加殺伐，絕不手軟。

在當上皇后的第三天，武則天曾奇怪地向皇上呈遞了一份表奏，內中說：「前些時候，陛下欲以妾爲宸妃，韓瑗、來濟面折廷爭，這是忠心爲國之舉，乞請恩加褒賞。」

武則天這份表奏，可謂一反常態，韓、來二人都是她的仇人，而武則天對於仇人從來都是絕不寬容的，這一次爲什麼有這樣的例外？其實，這不過是計謀多端的武則天故意作出的一種姿態。她知道：對於頑固的舊勢力是不能操之過急的，應先安其心，然後一個一個地拔掉。不過她現在首先要處理的是太子的問題。

一個堂堂正正的皇后是不能容許別人的兒子占據太子之位的。她開始籌劃廢掉太子忠，以自己的親兒子李弘取而代之。

太子李忠得知了消息，自知儲位難保，便知趣地辭去了儲位。高宗下詔降封李忠爲梁王、梁州刺史，武則天四歲的兒子李弘爲太子。同時，又追贈武則天之父爲司徒，賜爵周國公，謚號曰忠孝，母親楊氏晉封爲代國夫人。並改年號爲顯慶。

太子李忠是長孫無忌精心扶植起來的。現在雖然李忠被廢，但長孫無忌這棵大樹仍然未倒。這不是一個容易對付的敵手，武則天雖對他恨之入骨，但尚不敢馬上對他下毒手。她的行動計畫是：先清枝葉，再伐主幹。

韓瑗是長孫派的得力幹將，他曾經上書爲被貶在外的褚遂良訟冤，說遂良是社稷之舊臣，多年來體國忘家，忠貞無二，卻被斥去朝廷，人心難服：「今遂良被貶已歷一載，即便對陛下有所違忤，責罰也夠了，望陛下體恤無辜，稍寬非罪，以順人情。」高宗對韓瑗說：「遂良的事，朕亦知之，只是因他悖戾好犯上，才處罰他，卿爲何說得這樣過分呢？」韓瑗固請道：「遂良是國家忠臣，不幸爲讒諛所詆毀。陛下無故弃逐舊臣，恐怕不是國家之福。」皇上不聽，韓瑗因其言不被採納，乞請離官回鄉，也未被允許。

韓瑗早已是武則天的眼中釘。今見韓瑗已失勢，便準備將他除掉。她授意許敬宗、李義府上奏，稱韓瑗、來濟與褚遂良密謀不軌之事。說褚遂良所在的桂州，乃古來用兵之地，韓、來二人是想以桂州爲外援，反叛朝廷。高宗信以爲眞，下令貶韓瑗爲振州刺史，貶來濟爲臺州刺史，原榮州刺史柳奭爲象州刺史。褚遂良到了愛州，上表自陳，擺功訴苦，乞請高宗哀憐。但高宗並不爲之感動。曾經權寵至極的顧命大臣遭到徹底的冷落。

韓瑗、來濟、褚遂良是長孫派的中堅力量。三人的被放逐使長孫派喪失了元氣，昔日強大的陣容面臨土崩瓦解，而武則天的新官僚卻在宮廷中站穩了腳跟。隨著權勢的熾盛和時機的逐漸成熟，徹底摧毀舊勢力營壘的時刻已經爲期不遠了。

長孫無忌也意識到自己處境的不妙，心中很是不安。但他已經無力改變這種局面，隨著雙方力量對比的變化，他目前只有招架之功了。與此相反，武則天的新官僚則銳氣正盛。她密令許敬宗，讓他尋找機會，向長孫派舊勢力進行最後一擊。

終於，機會到來了。洛陽人李奉節向朝廷呈遞了一張狀紙，告的是韋季方和李巢朋比爲奸，圖謀不軌，皇上讓許敬宗查問此案。許敬宗就此大作起文章來。他先是逼令韋季方牽連長孫無忌，韋季方不肯，許敬宗則施以嚴刑。韋季方受刑不過，引劍自刺，未死。許敬宗趁機羅織：韋季方想夥同長孫無忌構陷忠臣近戚，使大權總歸無忌，伺機謀反，今見事將敗露，才情急求死。

高宗皇帝開始並不太信，許敬宗說：「長孫無忌乃聖上至親，累朝寵任，有何怨恨使他謀反呢？據韋季方講，韓瑗曾對無忌說，梁王立爲太子，是柳奭、褚遂良勸你做的事，現在梁王既已被廢，皇上對你也產生了懷疑，所以才把你的表兄弟高履行調任外州。長孫無忌聽了韓瑗這番話，很是憂慮，籌謀自安之計。後來又見他的侄子長孫祥也被調出，韓瑗也獲罪貶官，便孤注一擲，日夜與韋季方等人密議謀反之事。對韋季方的上述供詞，臣曾反覆核實，都與事實相符。鐵證如山，請陛下馬上下令將長孫無忌收捕！」

昏庸的高宗沒有差人把長孫無忌召來核實一番，竟下詔奪回長孫無忌的官爵封地，將他貶謫到揚州，安置在黔州。

許敬宗又連續進攻。他向皇上再次奏道：「長孫無忌謀反，是由褚遂良、柳奭、韓瑗、于志寧等人臂助煽動而成。這幾個人也應一併加罪，不能讓他們逍遙法外。」高宗准奏，下詔追削褚遂良的官爵，將柳奭、韓瑗除名，于志寧免官。

緊接著，高宗又命李勣、許敬宗等再次查長孫無忌一案。許敬宗派袁公瑜等前往黔州，逼令長孫無忌招供反狀，回來上奏高宗，然後逼令其自縊。一個勢傾朝廷的兩朝元老，孤立無援，大勢已去，絕望地將絞索套在自己的脖子上。不久韓瑗、柳奭也被斬首。

在長孫氏、柳氏、韓氏、于氏都被摧毀以後，李唐皇室失去了強有力的支撐，再沒有其它力量可以與武則天對壘了，唐室大權基本上落在武則天手中。

消除隱患

公元六八四年，徐敬業在揚州發動兵變，討伐武則天。

大權在握的皇太后武則天與大臣們一起討論「興兵誅逆」的事。對此，大臣們幾乎是眾口一辭的，因為此事至關社稷安危，毋庸置疑。但是，也有人持相反意見，此人便是宰相裴炎。

他向武則天進言，對於徐敬業，不必興師動眾，武則天問他有何妙計，裴炎回答：「徐敬業興兵作亂是打著匡復廬陵王的旗號。皇帝年紀不小了，卻不得親政，所以他們才有了藉口。只要太后能夠政歸廬陵王，召他返宮執政，徐敬業便會不討自平。」

裴炎的話使武則天大感意外，這不僅因為裴炎阻止她用兵，逆忤了她的旨意，而且從他的話中覺察到一種異樣的味道：徐敬業謀反確實是以匡復廬陵王為名，但在「匡復」的背後還隱藏著一個居心險惡的企圖，即想推翻當今政權。既然如此，身爲大唐宰相的裴炎爲什麼也勸我還政呢？

這時，有人報告，說裴炎與逆賊有瓜葛，叛軍的右長史薛仲璋就是裴炎的外甥，前些時候薛仲璋請求去江都，完全是徐敬業一手謀劃的，其眞實目的是助敬業起兵，正因爲如此，徐敬業才將薛仲璋封爲內史。

武則天當即決定，將裴炎拘捕起來。

官高位顯的宰相裴炎一夜之間成了階下囚。騫味道、魚承曄二人奉武則天之命，對裴炎進行了嚴刑審訊。裴炎受刑不過，招出一樁事實：九月間，他曾企圖趁武則天出遊龍門之機領兵突襲，拘禁武則天，逼其讓權，還政於天子。後因大雨，武則天取消了龍門之行，未得實施。裴炎還供認，叛軍記室駱賓王曾秘密來到他的宅第，和他進行過一次長談。

在審訊裴炎的過程中，騫味道和魚承曄還搜得徐敬業給裴炎的一封密信。這封信很奇怪，通篇只有兩個字「青鵝」。這封信難住了兩位辦案人。他們思來想去，不得其解。

他們把信送到武則天手上。武則天看過，大呼道：「好一個逆賊，眞是用盡心機！」二人問是何意，武則天說，這兩個字便是密謀起兵的日期。「青」字上下拆開來是「十二月」，「鵝」字左右拆寫是「我自與」。合起來的意思是：十二月準備在朝廷發動政變，與揚州的叛軍相配合。

至此，眞相大白，「受遺老臣」的面目已暴露無遺。武則天十分氣憤，下令將裴炎囚入死牢，她也感到慶幸，若不是揭出這個隱患，後果難以設想！武則天參政幾十年來，不知碰到過多少敵人，但像今天揭露出來的由宰相參與的政變還是第一次，她意識到，現在的唐廷非鐵板一塊，危機仍然存在。萬歲聲中蘊藏著怨怒，朝臣們那一副副忠耿的面容後面掩蓋著醜惡和猙獰，決不可掉以輕心！

但是，武則天並未馬上處死裴炎，她想，唐廷中絕不會只有一個裴炎，有圖謀政變之徒，就會有圖謀政變之黨。她要順蔓摸瓜，把所有的逆黨一網打盡。

這日，武則天大聚群臣，用平靜的語氣說了裴炎謀反的事。她並未全部披露其罪狀，而是很輕鬆地提了一下，徵詢朝臣們的意見。朝臣不知道武則天的眞實面目，爭相爲裴炎求情。大臣劉景先和胡元範搶先力諫道：「裴內史乃社稷元臣，有功於國，天下無人不知，請太后明察！」武則天微笑著看了看二人，說：「二卿不要把話說得太肯定，其實，裴炎的反狀確鑿無疑，你們可能是不知道罷了。」二人仍然堅請道：「裴內史之忠，有目共睹，我們願以身家性命擔保裴內史不反！」朝臣中還有一些替裴炎說話的，唯獨李景諶力證裴炎必反。

藉由這次議事，武則天對朝臣們的狀況更心中有數了。她看到，朝臣們的忠奸是分明的，他們自有其營壘，自有其主張。她要大力獎掖那些忠耿之臣，對於或明或暗地反對她的人，則要逐步地予以清除。當下，她下令將劉景先、胡元範收捕入獄，而將李景諶和辦案有功的騫味道予以提升。

裴炎深知武則天的嚴酷，所以，自從被捕入獄，便沒想到會活著出來。曾有人勸他：「你是大唐功臣，本朝宰相，只要能認罪求情，太后會念你初犯，免你一死。」裴炎搖頭笑道：「宰相下獄，斷無全理。多餘的話無須再講了。」

數日後，裴炎被斬於洛陽都亭。臨刑前，對他的兄弟說：「你們的官職都是憑自己的力量得來，沒有得到我絲毫幫助。現在因我之罪而受到牽連，實在是太可悲了！」

裴炎既死，籍沒其家。先前因替裴炎求情而下獄的劉景先、胡元範也受到處罰。劉景先被貶爲普州刺史，胡元範流放到瓊州，憂鬱而死。

裴炎的案子牽涉到一個人，他就是大唐名將程務挺。

程務挺是一員武將，以勇力聞名於軍中，官至左武衛大將軍，奉命戍守邊防，抵禦突厥。他有勇有謀，防禦有方，在軍中很有威信，深受將士擁戴，無不聽命效力。程務挺在邊疆名聲很大，突厥聞之喪膽，一遇程務挺軍便不戰而逃，長時間不敢侵擾邊疆。

程務挺對武則天是忠誠的，爲武則天臨朝稱制效過大力。武則天對他多有賞賜，他的兒子、弟弟都因他而入朝爲官。

但是，就是這樣一位名將卻受到了莫須有構陷。有人告發說，程務挺曾密與徐敬業、裴炎交往，準備爲其內應，傾覆大唐。武則天初不相信，繼而便在強烈的猜嫉之心促使下，把一樁樁令人犯疑的往事牽連起來。一是裴炎下獄之後，程務挺曾上書爲裴炎辯冤，說裴炎是本朝名相，忠誠可鑒，不應聽信讒言，妄殺無辜；二是程務挺和徐敬業黨徒唐之奇、杜求仁關係很好，他們之間多有往來。武則天把這些事情聯繫在一起，認定程務挺定是裴炎一黨。於是，威震邊關的一代名將慘遭殺害。

接著武則天急調三十萬大軍，在不到五十天的時間裡平定了徐敬業之亂。爲了慶賀這次勝利，她在宮中舉行了盛大的宴會。她嚴厲訓誡群臣說：「我奉事先帝二十多年，爲天下操勞憂慮可謂至忠至勤！各位公卿的富貴，都是我給你們的；天下安定，百姓康樂，也是我促成的。等到先帝去世，把天下托付於我，我不愛惜自己而愛惜百姓。現在叛亂的人，都是出自將相，你們爲什麼這樣忘恩負義呢？在你們這些元老重臣之中，倔強難制有超過裴炎的嗎？糾結亡命之徒率眾征戰有超過徐敬業的嗎？在握兵的宿將之中，攻占必勝有超過程務挺的嗎？這三個人，都是素有威望的，我還是把他們殺了。你們當中，如果有人在能力上超過這三個人，想反叛就試一試。如果自認爲超不過，那就洗心革面，好好地奉事我，不要再亂說亂動，貽笑天下了！」

武則天無畏的氣概，藐視一切的神情，使大臣們俯伏在地，深深地認識到這個女強人的威嚴的不可侵犯。一干人等，不管有多麼高的地位和榮譽，誰敢反對這位女皇，必將受致命的打擊，必須付出血的代價。

清洗宗室

武則天專制的刀斧無情地對準了她的一切政敵和所有可能對她造成威脅的人。

宗室諸王是李唐王朝的支柱，是一批頑固地守護著李氏宗室的勢力。武則天對這些人早有戒心。當太宗第八子李貞父子起兵叛亂，企圖恢復李氏天下，武則天給予了堅決的鎮壓，使其成爲短命的匡復。

武則天從這次血的廝殺中汲取教訓，決心對李氏宗室進行一次大規模的清洗。

武則天令監察御史蘇珦審查韓王、魯王等是否通謀之事，蘇珦查無實證，如實復命。有人密告蘇珦與諸王通謀，武則天召蘇珦詰問，蘇珦道：「太后承先朝付托，應以仁恕爲心，諸王並未通謀，怎能把他們強行牽扯到逆案中來呢？」武則天也不加責備，故意和顏悅色地說：「卿乃大雅之士，朕當別有任使，此案卿可不必再參與了。」隨即將他調往河西監軍，另命周興處理此案。

這一任命可以說是找到了合適的人選。酷吏周興嗜殺成性，很高興去處理這件事。他施展起他的羅織本領，很快派人將韓王李元嘉、魯王李靈夔、黃公李譔，常樂長公主等人統統械來東都，逼令他們自殺。

這常樂長公主是高祖的第七女，丈夫是壽州刺史趙環。當初李貞起兵的時候，趙環曾接到李貞的一封信，要他起兵相助，趙環有些猶豫，常樂長公主得知，激昂地對使者說：「回去替我轉告越王，我等誓與他同生共死，諸王如果還算得上男子漢，就不應該現在還沒有行動。從前隋文帝將篡周室，尉遲迴係周家外甥，尚能起兵相州，連結突厥，天下聞風，莫不響應，功雖不成，名留海內，當今諸王都是先帝之子，怎能不為社稷效忠？我們李家已經危如朝露，怎不學尉遲迴捨生取義，感恩效節？做臣子的，匡救國家為忠，不救為逆。諸王應以匡救唐室為急，不能苟且偷安，貽笑後人。」來使很感動，回去報告李貞。但趙環還未來得及起兵，李貞已敗。趙環和常樂長公主遂牽連伏誅。

霍王李元軌、他的兒子李緒，高宗兒子李風的兒子李融也先後被拘捕入獄，李融和李緒都被斬於市。李元軌因防禦突厥積有戰功，被免一死，囚入檻車，流牧黔州，行至陳倉，突然死去。

太宗第十子李慎素來膽怯，李貞起兵時，李慎不肯同謀。李貞敗後，李慎也被拘入獄中，臨刑赦免，囚入檻車，流放嶺南，到蒲州時死去。

濟州刺史薛顗、其弟薛緒、薛紹也因與諸王通謀獲罪。薛顗、薛緒被殺，薛紹因娶了武則天的女兒太平公主，免其一死，杖責一頓，囚羈獄中，不多天也死了。

公元六八九年四月，武則天又命誅殺蔣王李惲、道王李元慶、徐王李元禮、曹王李明等李家諸子孫，他們的家屬則流放嶲州。

公元六九〇年，武承嗣派酷吏周興密告澤王李上金、許王李素節謀反，武則天召他們來京，李素節到龍門時，被絞死，李上金也自殺身死，他們的兒子、親信也都被殺。接著又殺死豫章王李亶、南安王李穎等宗室子弟十二人。還鞭殺了已故太子李賢的兩個兒子。

至此，唐廷的宗室子弟被斬殺殆盡，幸存下來的幼弱者也流放嶺南，宗室子弟的親黨數百家也被誅殺。只有千金長公主因百般討好武則天而得以保全。她請求做武則天的女兒，終生孝敬武后於膝下。武則天赦免了她，把她改姓武氏，更名號為延安長公主。

武則天勝利了。踏過李唐皇族的屍體，她穩步地走向大唐新君的寶座。

告密之風

明顯的政敵一個接著一個地被斬殺，但暗懷異心者大有人在，宮廷內外的不滿情緒隨時可以危及朝政。對此，武則天不會等閒視之。於是，一場前所未有的告密之風席捲朝野。

公元六八五年二月，武則天在鎮壓了徐敬業叛亂之後，她向文武大臣宣布，放置在朝堂上的登聞鼓（伸冤鼓）和肺石（伸冤石），以後不需要派人看守，有人擊鼓立石，就派御史接取狀紙，直接向她報告。

登聞鼓是武則天為了表示聽取臣民諫議之言或冤抑之情所設的懸鼓，讓臣民百姓擊鼓上聞，一般設在西朝堂外；肺石是武則天讓百姓控告地方官吏犯罪或謀反所設立的石頭，因石塊色赤如胏而得名，一般設在東朝堂門外。武則天此舉可以達到雙重目的：一是可以瞭解下情，於政事有益；二是藉以使人放心告密，瞭解百官動態。

第二年一月，武則天為了收買民心，緩和朝野對她執政的不滿情緒，也為了表示她不食前言，她下詔表示不再聽政，讓睿宗皇帝親自理政。睿宗李旦業已二十四歲，這個書呆子一聽，大為驚恐，連忙上表，堅決推讓，不肯理政。武則天乃向群臣表示：「為了國家社稷著想，自己不得不重新臨朝稱制。」武則天這種以退為進的舉措並沒有起到什麼作用。朝野內外都認為她這是故作姿態，並非真心要歸政給皇帝。

武則天也明白自己的這一舉動並未使臣下心服。於是，武則天大開告密之風，她要知道，究竟有哪些人在背後議論她，散布不滿言論，或者圖謀不軌。為此，她想了很久，終於想出一個好辦法。這年三月，她命令侍御史魚承曄之子魚保家特製四個銅箱，放在朝堂的東、南、西、北四角，讓人投信告密。

武則天還規定：有告密者，臣下不得過問，沿途都要提供驛馬，供給五品的伙食，保障他們能安抵太京都。告密之人，即使是農夫、樵夫，太后也要召見，安排在客館裡宿食。密報的情況如果屬實，可以不按等次授予官職；即使不實，也概不問罪。於是四方告密的人從四面八方湧來，人們再也不敢胡作非爲、亂說亂動了。究其銅箱的名目內含，告密絕不僅包括控告反對武則天的言論，還包括控告貪官污吏、仗勢欺人、無能無才有誤政事的人與事，也包括訴說冤案和自我推薦。但這種告密與政治鬥爭一結合起來，往往會遠遠超出其實質範圍，成爲政治鬥爭的工具。一些喜歡透過誣告陷害別人而求取富貴的奸詐小人、政治流氓們就會把告密作爲一種手段。

有趣的是，銅箱剛掛出不久，就有人投信狀告銅箱的設計者魚保家。原來，徐敬業反叛前，魚保家曾教徐敬業製作刀車及弓弩，殺傷官兵很多，徐敬業失敗後，因無人告密，所以得免於受牽連的禍患。武則天想瞭解下情，周知民間事，魚保家連忙上書說：請鑄銅箱以受天下密集。他確實是一個很有想像力和才能的能工巧匠，他把銅箱設計得十分巧妙。銅箱分有四隔，上面都有小洞，剛好投進表疏，但卻取不出來。武則天對銅箱很滿意，給魚保家不少賞賜。誰知銅箱剛開始投入使用，就自己先被仇家告了一狀。因通賊是殺頭之罪，魚保家被處死刑，這是他萬萬想不到的。

酷吏政治

武則天雖然堅強剛毅、深謀大略、雄心勃勃，但她畢竟是一個女人，一個難得正名的皇上。她面對著的是眾多的、或明或暗的敵手。爲了鞏固自己的地位，多年來她一直企圖在棘手的政治漩渦中尋求依靠。現在，隨著告密之門的打開，她終於找到了。這就是靠告密起家的酷吏。

在那些日子裡，武則天每天都要翻閱從銅箱中取出的告密信。這些告密信爲她提供了許多重要線索，使她對敵對者的活動瞭如指掌。她十分感激這些告密者，破格提拔他們做官，不論其門第和資歷。於是，一批新官僚出現了：他們專門掌管告密之事，用非常殘忍的手段幫助武則天鎮壓異己。他們是武則天手中的刀斧，憑藉這柄刀斧，武則天大施淫威，敵對者聞之喪膽。武則天重用的酷吏不是一個人，而是一個集團，下面是這個集團的幾個重要角色：

索元禮，胡人。徐敬業兵敗後，他揣摩出武則天的用意，首先上書告密。武則天召見了他。提拔爲游擊將軍。在洛州負責告密一類的案件。索元禮性情殘忍，每次審訊，都要施以嚴刑，迫使被告信口誣陷他人。因此，每審訊一人，都要牽連數十人甚至上百人，做官的都非常害怕他。被他殺害的多達數千人。

來俊臣，雍州萬年人，父親來操是個賭徒，曾和鄉人蔡本的妻子通姦，後來贏了蔡本很多錢，蔡本還不起，來操遂占有其妻，蔡妻到來家時已有身孕，不久生來俊臣。來俊臣性情凶險，說謊騙人，不事生產，曾因告密受到刺史東平王李續的杖責。天授年間，東平王被殺，來俊臣又告密，被武則天召見。他向武則天述說，以前告密是有關豫州博州的事，被東平王杖責，不得申訴。武則天以他忠誠可嘉，拜官侍御史，天授二年（公元六九一年），又提升爲左臺御史中丞。

周興，雍州長安人，年少時明習法律，爲尙書省都事，又遷司刑少卿，秋官侍郎，垂拱以來，多次處理案件，被他陷害的有數千人。

此外還有一些。酷吏們大多是齷齪小人和無賴之徒，是爲了自己的利祿、地位，主動投靠武則天的。而武則天爲了對付政敵非常需要以他們爲工具，這樣，他們雖無奇能，仍然受到重用。這些人常常是互相幫助，一同行動。他們豢養了幾百門徒，每尋找到一個陷害目標，便立即捏造出同一個理由，同時讓幾個地方的門徒一同告發，使揭發出來的內容一模一樣，不明眞相者信以爲眞，被告發者也無法辯解，門徒們還造輿論說，讓來俊臣審判案件，定獲眞情，武則天對此堅信不疑，特地在東都麗景門設置了一個審判機構推事院，也叫新開獄。專門讓來俊臣等人進行審訊，麗景門也因此被稱爲新開門。新開門猶如鬼門，入此門者，百人中難得一人生還。

爲了陷人以罪，酷吏們還別出心裁地編寫了一部《羅織經》，全書數千字，詳列製造假案的方法及步驟。酷吏們奉若經典，紛紛如法炮製。於是，一種按照書本羅織罪名的怪事在唐廷出現了。忠與奸、直與曲、罪與非罪，在酷吏們隨心所欲的羅織下，遭到了荒唐的顚倒。

酷吏們不僅定罪方法怪謬，審判手段也極其殘酷。他們不是以口審訊，而是用嚴刑逼供。沉重的大枷共有十號：一爲定百脈、二爲喘不得、三爲突地吼、四爲著即承、五爲失魂魄、六爲實同反、七爲反是實、八爲死豬愁、九爲求即生、十爲求破家；光聽這些枷名，便足可令人膽寒。

刑法更是名目繁多：有的把犯人的手足捆綁在一根橫木上旋轉，叫做「鳳凰展翅」；有的用繩索捆住犯人的腰，然後再把套在脖子上的枷向前牽引，叫做「驢駒拔撅」；有的讓犯人立在高木之上，牽著枷往後拽，叫做「玉女登梯」；有的好幾天不讓犯人吃東西，晝夜進行逼供，並連續不斷地搖晃犯人的身子，不讓睡覺，叫做「宿囚」；有的把鐵圈套在犯人的身子，不讓睡覺，再一個一個地加楔子，直到腦漿迸裂；有的把犯人裝在瓮裡，禁絕飲食，瓮周圍用火烘烤，犯人慘叫不止。種種酷刑，不可勝舉。

酷吏們在審訊犯人之前，都是先把刑具擺在地上，犯人們不等酷刑加身，已是魂飛魄散，於是隨口誣供，以逃避重刑之苦。每有赦令，來俊臣等都是先派獄卒盡殺重囚，然後才宣示赦令。

武則天很滿意酷吏們的作法，多次給以賞賜，官吏們爭相效仿，酷吏越來越多，朝中和各地的宗室大臣，人人自危，個個膽寒，誰也不知自己死在何時，每入朝，則與家人訣別道：「上朝如永訣，不知還有無見面的機會！」

武則天對酷吏的選拔和重用，遵循的完全是一種特殊的標準。她似乎不看重他們的門第出身、德才表現，也不看他們是否博通文史，她欣賞的是在正常情況下人所不齒的品格：殘忍和詭詐，在她看來，這就是此類官員必須具備的「才能」，只要能具備這種「才能」，一切皆可忽略不計。事情是顯而易見的，她需要的是鎮壓異己的刀斧，而不是舞文弄墨的雅士。

在那些年月，朝野上下曾盛傳著這樣一樁奇聞：一個大字不識的賣餅人當上了監察百官的御史。此人姓侯，名思止，是在一次告密之後破例受到武則天接見的。

那日，內侍將新從銅匭中取出的一封告密信呈給武則天，武則天一看，是告發舒王李元名謀反的。武則天最恨宗室謀反，馬上令周興查案，嚴刑之下，元名供認不諱，武則天廢其王號，貶徙和州，同時殺掉了他的兒子豫章王李亶。

武則天很感激這位告密者，問侯思止是何許人，左右告訴他，侯思止是醴泉人，貧窮而不知理業，曾以賣餅為生，後在游擊將軍索元禮家作僕人。武則天聽罷大喜，命令馬上宣他上殿。

侯思止是帶著一種惴惴不安的心情出現在武則天面前的。他擔心女皇會細問他所告之事。他心裡明白，告密信中所言，完全是無中生有，一旦漏底，他性命難保。事情是這樣：侯思止有一個朋友在恒州府當判司，一日，侯思止接到這位判司的來信，說刺史裴貞把他杖責了一頓，傷勢不輕，要侯思止爲他報仇，並出主意說，裴貞和舒王李元名有勾結，密謀反叛朝廷。侯思止聞訊，暗想，我正苦於生計無著，做夢都想著富貴的事，現在這不是天賜良機嗎？他冥思苦想地編造了一套舒王李元名與恒州刺史裴貞謀反的鬼話，請人代書了一封告密信，投入銅箱，侯思止因心裡有鬼，面色驚慌。他費神地盤算著如何應付，以使他望眼欲穿的富貴夢成爲現實。

出乎意料，武則天根本沒有追問這件事的眞僞，而是用讚賞的目光將這位告密者審視了一回後，和藹地笑著，對他說：「叛逆李元名、裴貞已經滅族，這都是你的功勞，不可不賞。」當即，降下口諭，賜侯思止游擊將軍之職，官居五品。

侯思止的心裡樂開了花。突如其來的喜悅使他飄然若仙，彷彿從地獄飛到天上，他暗自慶幸：我侯思止出人頭地的時刻到來了！他跪在地上，搗蒜似地叩起頭來。

叩了一陣子頭，侯思止這個貪婪之徒又萌生了一個新的想法：按規定，告密者可得五品官。我所告密，甚爲重大，賜官五品未免太低了。我何不藉此機會懇請討一個大官做？他對武則天說：「游擊將官的官職對他不甚合適，他想當一個侍御史，爲陛下效命。」

武則天一聽侯思止張口要官，哈哈大笑道：「御史職掌著監察和檢舉各級官吏之權，需要耳聰目明，通文知史，你連字都不認得，怎麼能當御史？」

侯思止臉刷地紅了，旋即又厚著臉皮狡辯道：「陛下知道獬豸這種獸吧！牠雖然不識字，卻專會觸邪人。小人因家境貧寒，未能讀書識字，可小人對陛下是一片忠心，可以像獬豸那樣懲治陛下的仇人！」

武則天點點頭。她想，侯思止雖然利欲熏心，不自量力，但他忠心可嘉，凶險可用。於是，破格地封他爲朝散大夫、侍御史，並將一座謀反者的住宅賜給他。侯思止不肯接受，武則天問他爲什麼，侯思止說，他最厭惡謀反的人，寧可露宿也不能住他們的房子。武則天更加高興了，對侯思止倍加重用。

與侯思止的情況相類似的尙有武則天重用的另一個酷吏王弘義，王弘義也是一個無知而淺薄的人，他品行很差，是一個鄉間無賴。他曾向鄰居要瓜吃，鄰居不給他，他就向縣官報告說，鄰居家瓜田中有許多白兔，縣官聽了，馬上派人到田地裡去捕捉，結果人踩馬踏，把瓜田糟蹋得一片狼藉，鄰居們知道是王弘義作祟，也無可奈何。還有一次，王弘義到趙州、貝州出遊，看見村裡有一群老人在作齋戒，他就到官府告密，說這些老人聚在一起想謀反，結果，二百多位老人都被處死。王弘義則因告密有「功」，當上了游擊將軍，不久又升任爲殿中侍御史。

王弘義是一個殺人不眨眼的惡棍。一天，有人告發勝州都督王安仁謀反，武則天派王弘義前去審訊，王安仁不服，王弘義就從枷上割下了他的頭，還殺了他的兒子，砍下腦袋，裝在匣子裡帶回朝廷。路經汾州時，司馬毛公設宴招待他，飯未吃完，就喝令毛公退下堂去，讓人將毛公斬了。王弘義將三個人頭挑在槍尖上，威風凜凜地回到洛陽。路人見了，無不震驚。

王弘義將麗景門叫做「例竟門」，即終了、命終之意。意思是說，只要進了此門，都要生進死出，絕無例外。就是在這個「例竟門」內，王弘義之輩不知殺害了多少人！

武則天與酷吏，完全是一種利用關係。她重用他們，寵信他們，都是爲了自己的政治需要。可以說，酷吏是武氏政治的產物，是女皇在頑強地與政敵鬥爭中產生的畸形兒，這是一批無能的官員。但對武則天來說，卻是救其燃眉的有用的官員。有用即眞理，武則天堅信這一點，她作爲一個被傳統觀念鄙視的女人，有那麼多政敵，不雇傭幾個心狠手辣的打手怎麼行？統治集團間的政治鬥爭本身就是殘酷的、血腥的，雙方都要用最殘忍、最有力的手段置政敵於死地，武則天用酷吏不過是在險境中採取的一種強硬措施。

破除門閥政治

重視門第的是封建制度的一個重要特徵。但是在中外帝王中，不計門第，不分貴賤，破格取才者，則大有人在。

著名的沙皇彼得一世就是一例，他在俄國改革的進程中，打破過去一貫按出身門第論資排輩的貴族世襲制度。一七二二年，他主持頒布「官職等級表」，把文武官員分成十四級。根據每個官員的知識水平、才能高低、貢獻大小來決定是否晉陞或黜陟。這樣，就使一批平庸無能之輩被清洗出政府，而一批出身貧賤且精明幹練的人才則受到提拔和重用。例如，製作糕點的師傅緬希科夫當上了聖彼得堡總督，成爲帝國最顯赫的人物之一；布店伙計沙菲洛夫當上了帝國副首相；教堂管風琴手的兒子亞古津斯基當上了總監察官……等等。隨著一批新貴的出現，舊貴族的地位則相對受到限制，有力地推進了改革。

比彼得一世早一千多年的武則天深受門第低微之苦，在與貴族集團的爭鬥中，更感門閥政治危害之大，所以在破除門第，以才取人方面，武則天似乎比彼得一世更堅決、更全面、也更成功。

事實上，破除門第觀念，是一種歷史的進步。那麼，武則天的所作所爲是這種進步的觀念在起作用，還是她專制統治的需要，或者說是她提高武姓地位的附屬品？

姓氏錄

武則天自爭立皇后起的幾年中，一直在同關隴士族勢力做鬥爭，而依靠的則是關外庶族，也就是那些備受士族排擠的官僚。她從中體會到了舊的門閥觀念和門閥政治之可怕。

關隴集團之所以死保王皇后，無非是因爲王皇后是關隴大家的後代，而她武則天出身庶族，地位不高。因此褚遂良提出：即使要廢王皇后，也要選名門世族來取代她，而決不應該是出身低微的武則天。關隴集團把持朝政的那些人也都出身於歷朝顯宦之家，代代相蔭，形成龐大的家族勢力。他們還互相通婚，枝葉相連，從而形成特殊的利益集團，不僅排斥集團之外的人，而且對皇家也構成很大的威脅。以長孫無忌爲例，一個家族裡有多人任四品以上的高官和爵賞，其中他的兒子擔任著京中重要崗位之要職，未成年的幾個庶子也被授五品散朝大夫的散官，還有族子、族孫也都蔭襲在位。一門在京中和地方爲官者就有幾十人之多。長孫無忌、韓瑗、來濟、于志寧、柳奭他們各家彼此之間又聯姻結親，加上他們的門生義故，朝堂簡直就是他們幾個家族的天下。他們一榮俱榮、一損俱損，利害牽扯，長此下去，皇家還能有寧日嗎？即便今朝是忠臣，隨著家族權勢日隆，以後還是不是忠臣就難保了。這種門閥政治對穩固皇權是極爲不利的，也堵塞了庶族有才幹的子弟上升的門道。

武則天認爲，只有摧毀門閥制度，根除門閥觀念，才能使人才源源不斷地湧現出來，爲統治天下所用。也只有提高庶族地主官僚的地位，才能使出身寒微而有才能之士抬起頭來，施展文武才能，爲統治天下效力。當然，任用這些沒有多少根基的庶族人士，也是鞏固皇權的最好對策。那麼，怎樣才能摧垮門閥制度呢？武則天最初採取了修訂《氏族志》和破格任用庶族人才等措施。

唐代，士族的特權已大不同於先前。但是，一些高門大姓仍如百足之蟲，死而不僵。有的老牌士族和山東的崔、盧、李、鄭、王等望族還具有相當的勢力。為了抑制士族勢力，太宗皇帝在貞觀十二年（公元六三八年）令吏部尚書高士廉、御史大夫韋挺、中書侍郎岑文本等修改過一次《氏族志》。高士廉把全國的士族家譜收集起來，定為九等。第一次書成，山東崔干列為第一等。太宗很不滿，提出只取今日官爵高下作等級。於是，高士廉又第二次修改，將崔干降為第三等。

太宗皇帝對《氏族志》的修改，是想壓制士族，提高宗室勛臣的社會地位，實行唯才是舉、不計門第的用人路線。唐太宗還命令在選擇王妃、主婿時，要取自勛臣之家，不考慮山東士族。如將衡山公主嫁與魏徵之子魏叔玉，長樂公主下嫁長孫無忌之子長孫沖，便是想從帝室做起，給天下做個不親士族的榜樣。不過，因修改後的《氏族志》在升降去取時仍顧及到士族的利益，所以當時並未引起士族的反對，而是得到了他們的認可。他們的勢力猶在，門第觀念仍在起作用。甚至連大唐新貴們如魏徵、房玄齡、李勣等人，仍爭相與士族攀婚。

高宗繼位後，曾於顯慶四年（公元六五九年）十月下詔，高門大族不得自爲婚姻，並限定嫁女受財數量，不得接受「陪門財」。但是，此風仍在好多地方悄悄地延續者。有的在黑夜無人時將女兒偷送至夫家，甚至有的士族之女即使坐待紅顏老，也不肯下嫁庶族。

對此，武則天一直耿耿於懷，常思繼續太宗的事業，進一步摧毀士族譜籍，改造陳規舊習，按照自己的意願重新劃定高下尊卑，提高新權貴的地位，特別是提高武氏家族的地位。

而現在，關隴士族集團失勢後，武則天後來藉由《氏族志》的修改來打擊士族，提高庶族的聲望和地位，武則天斷然否定這種門閥政治，此舉遠遠勝過唐太宗的膽識，在當時是一個重大的革新舉措，有重大的歷史意義。

公元六五九年六月，許敬宗等人以《氏族志》不敘武氏後族爲名，請求進行修改，武則天便做高宗的工作。高宗很贊同武則天的意見，下詔命禮部郎中（禮部中級官員）孔志約等人進行修訂，而不再讓士族出身的人插手，並命令改《氏族志》爲《姓氏錄》，把它作爲門第高下的意義淡化了。該書以皇后族武氏爲第一等，其餘的望族都以在唐朝擔任官品之高下爲標準，分成九等。凡五品以上的官員，不管其出身是士族或是庶族，都寫了進去，一概進入士流。透過《姓氏錄》，武則天就比較徹底地否定了舊的門第觀念，籠絡了許多庶族出身的新貴族。

《姓氏錄》修成後，引起了一場軒然大波。士族大夫都以被甄敘爲恥，憤憤地說此書不過是功勞簿，已面目全非於往日的《氏族志》，甚至向朝廷上表，抗議《姓氏錄》的頒行。武則天聞之大怒，諫請高宗皇帝駁回士族的上表，並下令收集天下的《氏族志》，統統付之一炬！

《姓氏錄》終於以嶄新的面貌問世了。門第低下的官員得到了好處。他們彈冠相慶，相互叫好，武則天的政治獲得了廣泛的支持。

北門學士

在「建言十二事」提出後三個月，五十二歲的武則天又向高宗講述了一個新的想法：召集文學之士來宮中修撰史籍。她說，修史是歷代君王都看重的事，借鑒前史可以學習治國之道，不至於重蹈歷史的覆轍。她舉例說，太宗皇帝命姚思廉修《梁書》、《陳書》，李百藥修《北齊書》，令狐德棻等修《周書》，魏徵等修《隋書》，于志寧等修梁、陳、周、北齊、隋《五代史志》，房玄齡等重修《晉書》，工程浩大，曠日持久，而且用的都是朝廷重臣，可見先帝是把修史擺在何等重要的位置。欲保大唐帝業萬年，就應繼續先帝的事業。最後，她還引用了當年太宗文武聖皇帝講過的三句名言：「以銅爲鏡，可正衣冠；以史爲鏡，可知興替；以人爲鏡，可明得失」，請高宗對她的想法給予支持。

高宗聽罷武則天的陳述，沒有表示反對，也沒有表示贊同。從心裡講，高宗是不大關心修史之事的。他關心的是東北部和西部的政事。撰書的事則完全交由武則天處置。

武則天巴不得獨行此事。當下，她擬訂了召選標準，派專人應選文學之士。不多日，元萬頃、劉禕之、范履冰、苗神客、周思茂、胡楚賓等人便選入禁中。

元萬頃，洛陽人，寫得一手好文章，曾拜官通事舍人，後來跟隨李勣征高麗，當遼東道總管記室。戰中，李勣命他作〈檄高麗文〉，無意中寫了一句高麗

「不知守鴨綠之險」，使高麗兵頓悟，移兵守鴨綠江，唐軍不得入。因爲這事，元萬頃被定了個「洩露軍機」之罪，流放到嶺南。後遇大赦回京，當上了掌管修撰碑志、祝文、祭文的秘書省官員著作郎，官居五品。

劉禕之，常州晉陵人，其父劉子翼頗有文才，被太宗召爲著作郎、弘文館直學士，參與修撰《晉書》，加朝散大夫。劉禕之也以文章知名，任門下省的起居郎，後改左史。

范履冰，懷州河內人，有文才。

周思茂，貝州漳南人，早以文藻知名，拜官右史。

胡楚賓，宜州秋浦人，文章寫得極快，每到飲酒半醉時才動筆，一揮而就，無不稱妙。在殷王府任文學。

這幾個人入宮後，受到武則天極爲熱情的召見。武則天在宮中設盛宴，與他們一起舉杯，開懷暢飲。席間，不拘君臣之禮，談笑風生，並賜以金帛等物以及文房四寶，囑咐他們勤於所事，效命國家。元萬頃等人受到武則天如此恩寵，喜不能禁，投身於地，叩首不止，表示定爲武則天竭盡其才，鞠躬盡瘁。

元萬頃等人被安置在宮中，武則天只交給他們一項使命：修撰典籍。他們住有專室，行有專騎，有宮婢侍侯，還不時得到武則天的特殊的朝臣待遇。

他們奉命修撰的書籍有：對文武百官進行警戒約束的《百僚新戒》、關於婦女修養之道的《列女傳》和《古今內範》、關於音樂禮儀的《樂書》、薈萃孝子事跡的《孝子列傳》、供臣僚借鑒的《臣軌》等共一千多卷。這些書多已佚失，今僅存《臣軌》一種，凡二卷十篇，四千餘字。上卷列目同體、至忠、守道、公正、廷諫等五章，下卷列目誠信、愼密、廉潔、良將、利人等五章。此書以儒家傳統道德觀念爲基礎，論述爲臣者正心、誠意、愛國、忠君之道，作爲臣僚的座右銘及士人貢舉習業的讀本。武則天組織儒者修撰這些書籍，旨在按照她的政治主張，融合儒家思想，整建社會各階層的道德規範，開創一代風尚，維護封建社會秩序，這是她進行思想統治的一個重要手段。

武則天對他們的工作極爲關心，幾乎每天都要來看一看、聽一聽他們的稟報，作一些指導性的教示。武則天特別恩准，學士們可以不經過大臣入朝必須經過的百官辦公地南衙，可以由城北門隨便出入。這是一件使臣僚們大爲眼熱的事情。因爲宮城北門是皇宮後門，乃皇家要地，是皇帝、后妃和太子諸王的出入之門，有禁軍嚴格把守，一般大臣很難靠近，更不能想像從此門出入的情境。學士們能在北門自由出入，實在是一個破例。因此，大臣們都用驚羨的目光注視著這些學士，不無妒意地稱他們爲「北門學士」。

一天，學士們又受到武則天的召見，地點是武則天的寢宮，宮內除武則天之外並無他人，內侍、宮娥都被打發到外面去了。武則天首先詢問了學士們的修史情況，然後拿出一疊奏章，對他們說：「這是半月來的朝廷奏議和百司表疏，請諸位過目一遍，再說說你們的意見。」

學士們有些緊張。這朝廷奏疏至關國家大事，只有天皇天后方能閱示，朝廷重臣參與其事也須特許，他們這些人最高也不過五品，豈可預聞政事？

武則天見他們遲遲不敢翻閱，便微笑著對他們說：「今天召你們前來，不過是先讓你們熟悉一下，今後還有更重要的使命等待著你們。」

學士們大惑不解了。他們說，他們不過是奉召編修典籍，不敢企望再蒙厚愛。武則天突然大笑起來，說：「你們胸中空有詩書萬卷，難道不知道治文與治政的關係？文以載道，道以輔政，自古已然。文不可離政，政也不可離文。你們學文要學會從政，否則只是個書蠹，愚腐無爲，庸碌一生。從今日起，你們可以隨宰相入朝，參與朝政。」

學士們恍然大悟，忙跪地謝恩。至此，他們才眞正明白了武則天召他們入宮的眞實目的。他們認識到，著文不過是件次要之事，首要的是要當好武則天的膀臂，忠心輔佐她處理政事。

「北門學士」自此走出書齋，出現在殿堂上了。他們雖然品級低下，但可以和三品以上重臣同時入朝，共議國事，而且，他們的意見還有一種不可理解的權威性。他們實際上成了武則天的智囊團，對則天政治起了重要作用。每次上朝，大臣們都是觀「北門學士」之行，聽「北門學士」之言，然後再決定自己的行止，甚至連宰相們也不得不照此辦理。他們不敢與「北門學士」分庭抗禮，他們懼怕武則天那咄咄逼人的目光和難以揣摸的神情。

宰相們的權力被分散了、架空了，特殊朝臣「北門學士」主宰了朝廷的輿論，大有控制裁決國家大事的趨勢。

低品宰相

宰相「佐天子總百官，治萬事」，是總攬政務的最高行政長官。皇帝離不開宰相，但皇權與相權的矛盾是一直存在的。在一次次的較量中，武則天深感宰相對執政者的特殊作用。高宗皇帝的宰相，有的是兩朝元老，有的是顧命大臣，有的是貴族高官，他們把持朝政，將懦弱的高宗皇帝玩弄於股掌之上，對於武則天這樣一個門第不高，品位低下的人更是不恭不敬，甚至要置之死地而後快。武則天恨透了這批老官僚，想方設法啓用新人取而代之。

爲此，武則天創造一種提拔宰相的新的形式，由四品以下官員擔任宰相，參知政事的制度。一方面，她頻繁地罷黜老官僚（包括宰相）。同時又藉由「同平章事」的頭銜，起用低品官員擔任宰相，一旦合適，很快便提拔爲正式的宰相。

公元六八二年，武則天讓官品較低的郭待舉、岑長倩、郭正一、魏玄同加入宰相班子，與劉仁軌等老臣共掌朝政。高宗皇帝擔心這一破例舉措，使得資深老臣不理解，特意給宰相崔知溫打招呼：「郭待舉這些人的資歷很淺，現在不過是讓他們參與政事，其名稱與你們這些老臣還是不同的。」但不管名稱如何，武則天讓四品以下官員參知政事，打破了有唐以來在宰相任用上資歷的限制，因之，此舉一直爲歷來史家所重視：而事實上，這一改革，不僅在資歷上，而且在宰相的家庭出身和入仕途徑上，都是一個突破。宰相中貴族高官子弟比重下降，而一般地主子弟的比重上升，這對武則天掌權是一個具有決定意義的變化。這時，即使宰相中雖還有一些礙手礙腳的人物存在，但低品宰相卻已具有主導性地位，而剩下的問題也就好解決了。

公元六八三年，又有幾個資深宰相因年老而退出了最高統治核心。這樣，資望較高的官員大部分都被排除了，只剩下一個劉仁軌還留在長安。在東都，除裴炎外，全都是新近入相的。他們資歷淺，又非貴族高官出身，儘管在他們的背後有廣大的一般地主、官僚，但從他們個人來說，都是缺少依托的，他們得以躋居相位，完全是靠了最高統治者的賞識和提拔。因此，只要他們想保持相位，不管他們的政治態度和主觀意圖如何，在他們腳跟尙未站穩前，他們都將是武則天的支持者。

招賢納士

曹操寫過一首抒發自己求賢建業心情的著名詩篇——〈短歌行〉，這首詩的最後兩句是：「山不厭高，水不厭深，周公吐哺，天下歸心。」曹操把自己比作周公，用「山不厭高，水不厭深」來比喻得到賢能之才是越多越好。後人也常常引用「周公吐哺」來形容那些思賢若渴的人。

周公，是周文王的兒子，周武王的弟弟，名旦。他最早被封在周地，因此，就稱他為周公。為人忠誠，有才幹。周武王即位以後，始終重用周公為輔佐。周公跟著周武王，經過多年征戰，推翻了殷商，建立了周朝。

周公受父親周文王的影響，很早就懂得求賢才和建大業之間的關係。他的地位很顯赫，但是對待賢能之士非常敬重。有時他正在洗頭，聽說有賢才求見，就毫不猶豫地握著濕髮去會見，甚至洗一次頭要中斷三次。遇到吃飯時，有賢才求見，他就要趕快吐出嘴裡的食物去接見，從來不怠慢；有時吃一頓飯要因此中斷三次。周公禮賢下士的名聲傳遍天下，賢能之士都願意投奔到他的門下。周公對他的兒子伯禽說：「我是周文王的兒子、周武王的弟弟、周成王的叔父，地位算是顯貴了。但是，我還一沐三握髮、一飯三吐哺，接待賢士從不敢怠慢。就是這樣，我還恐怕失去天下的賢人。你到魯國，一定要記住這條治國的基本道理！」

齊桓公是春秋時期的第一個霸主，也是一個精明的國君。爲了能得到天下賢士的贊助，他朝思暮想，費盡心機。

一天夜晚，他望著天幕嘆息：「群星閃爍，如眾多的賢士，何日爲我所得？」這時，一隊武士舉著火把巡邏，猶如一條火龍在夜幕中游動。他於是想到了一個自以爲很高明的主意。

第二天上朝，齊桓公向百官宣布了自己想出來的招納賢士的好辦法。他命令在宮廷前燃燒起巨大明亮的火炬，表示準備日夜接見各地投奔來的賢能之士。事與願違，整整過了一年的時間，沒有一個人來求見。齊桓公很苦惱。一天，有一個自稱會念小九九算術口訣的鄉下佬來見齊桓公，齊桓公覺得又好氣又好笑：「先生難道不知道會『小九九口訣』，乃是末流小技？也配稱爲賢才來會見國君嗎？」鄉下佬一本正經，嚴肅地說：「大王，您的過錯就在這裏！我聽說宮前求賢的火炬燃了一年，沒有人登門求見。這是因爲大王是賢能的君主，各地賢能之士都覺得自己不如您高明，所以都不敢來。我會『小九九』，這是微不足道的。對我這個只會『小九九』的人，大王能以禮相待，還愁有眞本領的人不來嗎？高聳巍峨的泰山是由顆顆礫石組成，江海浩瀚是因爲聚集了涓水細流。詩經上寫道：『英明的國君有事能請教農夫，這樣才能集思廣益，治國有方』。」

農夫的一席良言，說得齊桓公連連點頭稱是。他立即以隆重的禮節接待了這個鄉下佬，並給他優厚的待遇。這件事很快傳開了，不出一個月，四方賢士絡繹不絕，紛至沓來。

在很多人的眼裡，武則天似乎不能與賢明的周公和齊桓公相提並論，但她在招賢納士方面確有過人之處。當然，她不會像周公那樣一飯三吐哺，也不會像齊桓公那樣夜以繼日地在宮廷前燃燒火炬，她有她自己的辦法。

宰相之過

武則天愛才之切，在歷代帝王中並不多見。有這樣一個極端的例子：徐敬業發動揚州兵變，請初唐四傑之一的大才子駱賓王寫了一篇討伐武則天的〈傳檄天下文〉。這篇檄文寫得有聲有色，氣壯山河，不僅震動了朝廷，也被詩人廣爲傳頌，以至被作爲一篇優秀的文學作品載入文學史冊，流傳至今。檄文說：

當今竊取帝位的武氏，本性並非和順，出身也很低賤，昔日充當太宗皇帝的才人，以服侍皇帝之便得到寵幸。待年事稍長，又穢亂東宮，她隱瞞了同先帝的私情，暗地裡謀求在後宮的寵幸。入宮的妃嬪被她嫉妒，總想以自己的美貌壓倒別人。施展陰謀，巧於讒毀，賣弄姿色，迷惑君王，終於竊據了皇后的名位，致使君王敗亂了人倫。武氏心如蛇蠍，性同豺狼，親近奸邪，殘害忠良，殺害姊妹兄弟，謀害君王，人神所共恨，天地所不容，甚而至於包藏禍心，陰謀篡奪君位，君王的愛子，被幽禁在寒宮，武家的同族卻委以重任。趙飛燕殺害皇子，預示著漢朝將要滅亡，周幽王因寵褒姒而廢申后與太子，西周因此走向滅亡。過去的歷史，今天正在重演！徐敬業是大唐的舊臣，公侯子孫，繼承先輩的功德，蒙受朝廷的厚恩，趁著天下百姓對武氏的失望情緒，順應海內的民心向背，於是舉起義旗，決心清除妖孽。南至百越，北達三河。鐵騎成群結隊，戰車首尾相接。海陵的紅粟，倉廩的儲積，無窮無盡；江浦一帶，黃旗遍野，匡復天下的大功，指日可待。斑馬長鳴，若北風捲起，劍光衝天，與相鬥相齊。怒氣勃發，可使山岳崩摧；氣憤呼號，可使風雲變色。用這樣的軍隊對付敵人，什麼樣的敵人不能摧垮；用這樣的軍隊建立功業，什麼樣的功業不能完成！在朝文武百官，你們有的享有國家的封地，有的身為皇室的至親，有的承擔重要的委任，有的在內廷領受先帝的遺囑。先帝的遺言還在耳邊迴響，對李家的忠誠難道說忘卻了嗎？先帝的墳土還沒有乾，幼小的孤君交托何人？倘若你們能轉禍為福，送別去世的先帝，擁戴繼位的幼君，共同建立扶助皇室的勛業，不廢棄先帝的遺命，那麼所有封爵賞賜，都可以指山河為信。如果仍然留戀孤單的城池，在歧路上徘徊觀望，徒然錯過早已顯示出的微妙吉利的徵兆，必定因遲遲不動而自取滅亡。請看今日之域中，究竟是誰家的天下！

據說武則天讀完檄文，讚嘆不已，問這篇檄文出自誰的手筆，這樣才氣逼人。有人回答是駱賓王所作，武則天嘆道：「如此有才能的人流落他方，不得重用，這是宰相之過啊！」

當時有人對武則天欣賞叛逆表示不解，武則天道：「世間難得一奇才。古之明君都是惜才如金的。太宗皇帝就是這樣。他用人不論門第、不私親戚、不計仇怨，因此，人才歸之如流水，大唐事業得以興旺發達。你知道前朝中書令馬周吧？此人出身寒微，原本博州茌平一布衣，曾任博州助教，後來浪游長安，在左驍衛中郎將常何家作門客。因代常何奏言治國良策而被太宗皇帝看中，破格提升為監察御史，直至當上了朝野聞名的『布衣宰相』。太宗皇帝開創的一代政風。豈能隨意丟掉？」

當然，武則天是決不會讓宰相們去招用駱賓王的。她需要的是忠於自己的賢才。

招賢廣告

武則天是一個特殊的人，特殊的人有特殊的思路模式。

她在皇宮前設立東、西、南、北四個銅箱。東面的銅箱叫「延恩」，要求作官的人可以把自己的詩賦文章投進去自薦，只要確有才能，很快就可以被試用。南面的銅箱名叫「招諫」，對朝廷政事有見解的人可以把自己的見解寫成文章投進去。西面的銅箱名叫「伸冤」，老百姓有冤枉可以投書。北面的銅箱名叫「通玄」，有進言軍機要事或言天象災變的可以投書。武則天專門派一個大臣掌管這四個銅箱。用這個辦法廣開言路，考核官吏，徵用賢能之士。

此外，又多次下求賢詔書，渴望人才之情，溢於言表。

她說，天子的責任，莫重於選才任賢；臣子的功勞，莫過於進獻忠言。周、漢諸朝之所以隆盛，在於廣選賢良，歷觀前代之興衰，莫不由此。過河得用舟船，蓋房須待棟樑，天子治理國家，必須依靠一大批能幹的文臣武將。我雖日理萬機，廢寢忘食，但對賢良的渴求卻十分迫切。我多次下令派人四處招攬賢才，唯恐那些殺豬、捕魚的人中有賢才被埋沒，山澤和園林裡有賢才被遺棄，那將是十分可惜的。我勵精圖治，招士求賢，一定要使四海之內、山林草澤的賢才搜尋以盡。不論貴賤，都要呈報，如果舉薦得人，一定不次任用。我希望人才之多比得上強盛的周朝；得人之衆超過興旺的漢朝。我將求賢詔令廣布天下，讓遠近都知道我的心意。

在另一次求賢詔書中說，上之臨下，最重要的莫過於求訪賢才。我雖然殫思竭慮，不辭辛苦，思考治國之術，但九域這麼廣大，靠一個人是不夠的，必須廣蓄人才，作爲羽翼。今天雖然群英在位，朝廷已有不少賢德之臣，但我還是怕像姜太公那樣的人才會遺漏在草澤，心裡總是不安。我的話永遠有效，文武官員都有責任舉薦所知道的賢才。或者是棟樑之才，可以丹青神化；或者很有韜略，可以在軍事上振耀國威；或者道德高修，可以獎訓風俗；或者孝順友愛，可以勸化生靈；或者飽讀經書，可以教育下一代；或者文思敏捷，可以振興文字；或者心明如鏡，可以忠言直諫；或者情操清白，可以守職不渝。凡是這些人都可以舉薦，有關部門要規定期限，務要各官員行使這一職責，不辜負我求賢之意。

她還告誡文武官員說，凡是十家之村邑，必有忠信之人存在；三人同行，必有我師。官員務要訪求，不要老說沒有賢良。如所薦不虛，舉得其人，必然不拘一格地提拔，薦者也給予記功。但如果妄相推薦，也不會不嚴加懲處。武則天既不願賢才不為她所用，也不希望庸才充斥朝廷，眞可謂是殫思竭慮。

女皇這些表白，雖不乏自我標榜的成分，但也確實表明了她眞實的心跡，而且，這些想法大都化作她的實際行動。她不拘一格地蒐求人才，從文人、儒生、孝子、貞節者至勇敢善戰的軍人，無不在選拔範圍之內，為各階層的人打開了入仕之門，使許多湮沒無聞者能夠躋身於官吏的行列。

舉賢之風

武則天認爲，爲朝廷推舉賢良之才，是大臣的一項基本職責，這也是她辨別群臣忠誠與否、公正與否的標準之一。

作爲一種制度，武則天在掌權以後，對官員舉賢進行了改革。她廢除了三品以上官員才能薦官的舊制度，進一步擴大了薦官範圍。她在敕文中說，京官五品以上和郎官御史、諸州刺史都可推薦一兩人，並錄其操行、能力報送朝廷。公元六八〇年十二月，又下詔說：縣令、刺史、御史、員外郎、太子舍人、司儀郎、左右文武五品以上，清要、近侍及宿衛生官，可以舉薦所知一人。過了兩年，這種舉薦政策進一步擴大到京官六品以上官員及諸州岳牧。在她進入八十一歲高齡而且又患病在身的時候，還下令各宰相要推薦員外郎一人。由於她對此事十分重視，各級官員也極爲盡力。

公元七〇二年十二月間，侍御史張循憲去河東巡訪，有件事難以決定，很是頭痛，就問侍御史這裡是否有可與議事的賢良之士。侍御史想了想，對他說，有一個叫張嘉貞的，很有才能，以前當過平鄉尉，後被免職。張循憲召他前來，向他詢問。這張嘉貞才思敏捷，講得很有條理。張循憲請他代寫奏章，張嘉貞揮筆而就，上呈之後，深得女皇好感。

張循憲向武則天稟報，奏章並非出自他之手，而是張嘉貞代筆。張循憲在女皇面前把張嘉貞誇獎了一番，說他如何有才能，現在又如何困窘，請女皇不計門第，不論資格，賜他一個官做，並提出把自己的官銜讓給張嘉貞，使他的才能得以報效國家。女皇很爽快地回答：「我難道再沒有一個官銜可以授予賢才的嗎？」於是，她親自在內殿召見張嘉貞。

武則天因他是外臣，就垂著簾子和他說話。張嘉貞毫不怯懦地說：「我只是一個小吏，而能進入九重，這是千載難逢的事。但在咫尺之間，如隔雲霧，不能見到日月，恐怕君臣之道還沒有盡到。」武則天聽了，立即下令捲簾，跟他談得很投機，隨即破格提拔他為監察御史。又提升張循憲為司勳郎中，以獎賞他識人。

正諫大夫同鳳閣鸞臺平章事朱敬則也有知人之明，重視人才選拔，裴懷古、魏知古等都是他推薦。還有，裴行儉推薦了黑齒常之、李多祚，婁師德推薦了狄仁傑；狄仁傑推薦了張柬之、姚崇、桓彥範、敬暉等人，這些人都是一代名臣，武則天從公元六八三年十二月高宗駕崩始，到七〇五年一月中宗復位的二十一年間，共任用宰相七十多人。這些人大都堪稱名臣，有的在武則天死後仍繼續發揮重大作用，像姚崇、宋璟等人便是開元時期著名人物。

車載斗量的官

武則天十分重視科舉取士這一條選拔人才的途徑。按照慣例，貢士考卷必須糊名，以防考官作弊。武則天以爲應信任考官，廢除了糊名制，並從寬取士。她還首創殿試先例，親自錄取。

公元六九〇年二月十四日，她在東京洛城殿前舉行了一次規規宏大的考選。全國衆多的貢士都應召前來，由女皇親自進行面試，進行了數天才結束。考察內容十分廣泛，從對經書的熟悉程度，到對國策的有關看法；從個人操行，到外貌姿態，都一一考察，然後任命官職。

這是一次別開生面的考選。它不是在舞文弄墨的考場，而是在天子的殿堂；不是機械地做文章，而是面對面應對。這種考試打破了那種沉悶的、呆板的考試形式，使考選官員的辦法更加靈活、實際，堪稱考選人才的創舉。

她還擴大了科舉錄取的人數，在她輔政執政的五十年裡，每年平均錄取人數是唐太宗時的兩倍多。

由於從科舉取得人才的數目還是很有限的，武則天為了進一步打擊士族勢力，贏得廣大庶族地主的支持，以官位來收取天下人之心，她還在科舉制度之外尋求搜羅人才的途徑，以彌補其不足。公元六八五年三月，武則天下詔命九品官以上以及平民百姓，包括工商等社會各階層，有才學者自舉以求進用。因此只要在某一方面具有特長，不論出身地位，都可以自薦，特別是有文學才幹的人更受歡迎。

武則天還專門設立叫「延恩」的銅箱來專門接受自薦求官的信任。她還派使者到十道舉人，使天下沒有考上進士、明經的知識分子，以及鄉村裡教育學童的教師，皆被搜絡，不經考試、訓練，就授給官職。從而使未經考試而起家至御史、拾遺、補闕等官職的人，不可勝數。以前，吏部選人每年不過數千，公元六八五年以後，每年常達到五萬。

武則天擔心選人太濫，她又創立試官制度，即暫時授給官職進行試用，這既增加了官位，提供了更多當官的機會，又便於從中發現人才。

公元六九二年一月，武則天把派往十道的存撫使所選的人特予召見，共一百三十人，一概加以任用，原來有官的試用爲鳳閣舍人、給事中，其他的試用爲員外郎、侍御史、補闕、拾遺、校書郎等官。

這一度引起現任官員特別是貴族人士的不滿，有人編打油詩說：「補闕連車載，拾遺平斗量，耙推侍御史，碗脫校書郎。」意思是說，補闕可以連車裝載，拾遺可以用斗來量，侍御史多得能用四齒耙子來推，校書郎像是一具模子裡印出來的。有人還加了一句：「糊心存撫使，眯目聖神皇。」意思是說，推選舉人的存撫史們都被面糊迷了心竅，皇上的眼睛也被蒙住了。當時左肅政臺御史紀先知查出了後兩句是儒生沈全交寫的，就把他抓來，要以誹謗朝政的罪名懲罰他，提出先在朝堂當著百官打他幾百板子，然後交刑部處置。武則天當時笑了笑，說：「算了吧！只要你們選人不濫，哪怕別人胡說八道呢？把人放了吧！」紀先知爲之慚愧不已。

明代哲學家李贄讀到唐書的這一記載，拍案叫絕，批十個字說：「勝高宗十倍，中宗萬倍矣！」

慧眼識英才

一天，武則天在一大批宮女太監的簇擁下，一清早來到殿堂，她親自召見一位來自通泉縣的縣尉，名叫郭元振。此人外界頗有傳聞：有人說他十六歲那年，在京城當太學生時，有一次家裡派人給送來四十萬錢，錢剛剛到手，有個披麻帶孝的孝子叩門求見，哭著向他借錢，埋葬「五世未葬」的先人，郭元振連姓名也沒有問，就將四十萬錢全送給他了。同學們都很讚嘆。郭元振十八歲考中進士，任通泉縣尉。不久便有人告他的狀，說他掠賣縣裡人丁千餘人，把賣人的錢送給賓客，他自己雖一文不取，但百姓怨恨得很。於是武則天很想見見這個人，當面問問他這到底是怎麼回事。

郭元振奉詔進京城後，當大按時進宮拜見武則天。武則天見他身長七尺，美鬚髯，頗有氣概，先沒責問他，和他交談起來。郭元振出口不凡，頗有見地，武則天覺得他有奇才，便向他索取文章看，郭元振獻上〈寶劍篇〉一詩，武則天閱後，大爲讚賞，詔示學士李鐺等人，不再追查告狀的情況，當即授郭元振右武衛將軍錫曹參軍之職。於是郭元振有了施展自己才幹的機會。

這個時期，唐朝西部和北部邊境很不安寧，契丹、突厥屢次進犯；吐蕃乘機派使者以和親爲名，要求唐朝撤掉安西四鎮，這四鎮曾被吐蕃占領過，後來爲唐軍所收復。這幾年，吐蕃又強盛起來，想試探一下唐廷的虛實，故有此舉，武則天派郭元振爲唐使，前往吐蕃，探測吐蕃的動靜。

郭元振到吐蕃時，吐蕃掌實權的大將論欽陵接見他，郭元振一針見血地揭露地說：「你要唐朝撤掉四鎮之兵，豈不是懷有兼併的意圖？」論欽陵當然矢口否認，但也派使者隨郭元振入朝。

當時朝廷裡對吐蕃是和還是打，意見不一，武則天也猶豫不決，郭元振回朝後，隨即上了一份奏疏，根據當時吐蕃力量強盛但內部鬥爭劇烈的情況，提出先和親後伺機出兵的策略。先和親可避免與吐蕃的用兵，當時吐蕃百姓十分疲勞、極想和親，估計論欽陵不得不接受，待其內部鬥爭更爲劇烈、力量互相削弱時再出兵攻其一方，便可取得比較長久的安定。武則天贊成這一主張。

幾年後，吐蕃君臣互相猜疑加劇，終於將論欽陵殺掉，其弟贊婆等來降。武則天下詔令郭元振等率騎前往迎接，郭元振回來後被任爲主客郎中。

後來，武則天又任命郭元振爲涼州都督、隴右諸軍大使。郭元振到任時，見涼州一片荒涼，北面的突厥、西北的吐蕃時常進犯，騷擾掠奪，百姓苦不堪言。郭元振發動涼州軍民在涼州的南境硤口建造一座和戎城，在北境磧中建置白亭軍，拓寬州境一千五百里，使突厥、吐蕃不能到涼州城下掠奪。郭元振又令甘州刺史李漢通發動民眾開荒墾田，盡水陸之利，使農業獲得好收成，畜牧業也有較大發展。舊時涼州粟麥每斛數千錢，自從郭元振重視發展農業後，糧價大跌，一匹縑可換糧數十斛，所積軍糧可食用數十年。郭元振在涼州任上五年，夷夏各族敬畏愛慕，令行禁止，牛羊遍野，路不拾遺。河西諸郡都爲郭元振建置生祠（爲活人建造的祠堂），還爲他立碑，頌揚他的功德。

武則天重用郭元振，說明她是有眼力的，也說明她所用之人並非都是流氓無賴和貪官酷吏、阿諛奉承之徒，她對有才、有識的文人武將也是賞識和重用的。

武則天發現人才，從不放過，總是果斷地升遷重用。有一次，吐蕃派一名大臣到長安求和，這個大臣名叫倫彌薩。武則天在麟德殿宴請文武百官和各國使者。當涼州都督唐休璟入朝時，倫彌薩多次探出身子，上下打量他。武則天很奇怪，問道：「吐蕃使臣，為何如此窺望唐將軍？」倫彌薩回答：「這位唐將軍在茫源之戰中，勇猛無比。我國全體將士都很佩服，我很想領略這位將軍的風采！」

宴會後，武則天召見唐休璟，詢問邊防情況。唐休璟對邊境上的重鎮和萬里山川的要害，瞭如指掌，對答如流。武則天當即擢升他為右武威大將軍。後來，西突厥各部落聯合起來進攻唐朝，斷絕了安西的道路。武則天命令諸位大臣和唐休璟一起商議對策。他們很快就呈上安境退敵的計策。武則天下書，命安西各個鎮的長官依計行事。果然戰事的發展全像唐休璟預料的那樣，唐朝大獲全勝。武則天感慨萬分，對朝臣們說：「請唐將軍處理邊防大事，你們這些大臣十人也頂不上他一個人，我眞悔恨重用唐將軍太晚了！」

不避仇怨

武則天稱得上是一位心胸開闊的政治家。她廣開汲引之門，不僅不計門第，不欺無名，而且不避仇怨，唯才是舉，唯才是用。

武則天要求宰相們推薦可以任員外郎之職的人。韋嗣立推薦岑義，但說：「只是他的伯父岑長青犯過大罪被殺，恐薦用不安。」武則天說：「他只要有才幹就用，與他伯父犯過罪有什麼關係呢？」遂拜岑義爲天官員外郎。武則天暮年用人識人，反而達到了她這方面智慧的極至。這樣的皇帝歷史上有幾個呢？特別是她當時已七十四高齡。在這個年齡頭腦如此清醒、辦事如此幹練的皇帝更是寥若晨星了。

當時，宮中又出一奇女，深得女皇的喜愛，她就是武則天的大仇人上官儀的孫女上官婉兒。麟德元年（公元六六五年）上官儀獲罪被誅，上官婉兒尚在襁褓之中，就隨母沒入宮廷爲奴。唐代制度，沒入宮廷的女犯手工巧的人入內侍省掖庭局，從事手工勞動，無技能的隸屬司農部，從事園圃內的勞作。上官婉兒母女沒入掖庭局。當時武則天對上官儀廢后之舉雖然氣憤，但因上官儀有才，也是武則天勸高宗提升他的，恨不能爲自己所用，也深爲惋惜。所以對這倆母女還是很關照，令其母養育兒女，基本上沒有勞役之苦。上官婉兒之母，亦是書香貴族之女，有詩文才學，一心一意教育女兒，以忘卻突罹之橫禍。據說當初上官婉兒還在母腹之時，其母夢見人贈給他一桿大稱，請巫者占夢。巫者說：「當生貴子，將來要秉掌國政當宰相的。」後來生出來的卻是個女兒，大家都笑巫者瞎說胡道。沒想到後來在中宗即位後，上官婉兒執掌詔令的草擬，參謀政事，權盛於宰相。在宮中宴會上，中宗召文人賦詩作文，皆以上官婉兒為評判，所寫評語眾人悅服，眞的「稱量天下之士」。這當然是迷信傳言，難以憑信。不過，上官婉兒自小聰穎異常，能說會道，姿容美麗。其母死後，武則天憐憫她，特地在宮中召見她，一見心喜，讓她在宮內學習讀書習禮，後來覺得此女像她的性格，更為喜愛，就讓她隨侍宮中，成為其侍女，並倚為心腹。

上官婉兒對武則天一直暗藏著仇恨。但上官婉兒在女皇身邊，漸漸地佩服起女皇的學識才幹來，心中十分矛盾。一次，上官婉兒悖旨不恭，按律應處死，但武則天愛其才，不忍殺她，只是黥其面（在額頭上刻字的一種刑罰），其後又加意籠絡。從此，上官婉兒徹底被女皇的人格精神所征服。自聖歷元年（六九八年）起，女皇身體漸衰，就讓已經三十四歲的上官婉兒幫助她起草詔令，掌管文墨，參決百司奏表。當年她自己年輕時所盼望的就是這樣。在自己身上難以實現的東西，她要讓它在上官婉兒身上實現，因爲上官婉兒也是出類拔萃的女傑。可惜人的命運不同，她雖有武則天那樣的機遇，最終卻隨波逐流，在後來落得身首異處，不得善終。

下篇　駕馭群臣

蓋聞古之忠臣事其君也，盡心焉，盡力焉，稱才居位，稱能受祿，不面譽以求親，不愉悅以苟合，公家之利知無不為，上足以尊主安國，下足以豐財阜人，內匡君之過，外揚君之美，不以邪損正，不以私害公，見善行之如不及，見賢舉之如不逮，竭力盡勞而不望其報，程功積事而不求其賞，務有益於國，務有濟於人。夫事君者以忠正為基，忠正者，以慈惠為本。故為臣不能慈惠於百姓而曰忠正於其君者，斯非至忠也。所以大臣必懷養人之德而有恤下之心。利不可並，忠不可兼，不去小利則大利不得，不去小忠則大忠不至。故小利，大利之殘也，小忠，大忠之賊也。昔孔子言曰：「為人下者，其猶土乎，種之則五穀生焉，掘之則甘泉出焉，草木殖焉，禽獸育焉，多其功而不言。」此忠臣之道也。

——武則天《臣軌》

控制近臣

親君子，遠小人，是歷代賢明君主的共同之處。親小人，遠君子，是昏君的共性。而武則天呢？她是親小人而不遠君子。因爲她清楚，小人也能爲她所用，去做一些君子所不爲而又必須要做的事。

儘管武則天深深懂得小人的特殊作用，但她還是希望她的臣下作公正無私的君子，不做心術不正的小人。她在《臣軌．公正章》中特意列出六種不公、不正、不忠、不誠的行爲，遍示百官，引以爲戒：

1.安於官位和俸祿，營私利不務公事，有力不出，有智不盡，左右觀望，應付君主。這是具臣。

2.唯命是從，投其所好。爲了取悅君主，不惜喪失原則和國家利益。這是諛臣。

3.陽奉陰違，花言巧語，妒忌賢能，說話不實事求是，致使君主賞罰不當，號令不行。這是奸臣。

4.顛倒是非，混淆黑白，反覆無常，對內挑撥骨肉之親，對外陷害忠良。這是讒臣。

5.把持朝政，架空君主，以國事為輕，以私己為重，假傳聖旨，自尊自大。這是賊臣。

6.進諂媚之言，陷君主於不義，結黨拉派，蒙蔽君主的英明，對君主當面頌揚，出去後到處誹謗攻擊。這是亡國之臣。

武則天頭腦十分清醒，對上述這些小人，只能小用而不能大用。只能用於一時而不能久用。有的用完後就丟在一邊，有的控制他們的權力，不讓他們有害於國家。這是武則天高明之處。

請君入瓮

武則天利用酷吏凶狠地鎮壓了一批又一批的反對者，坐穩了女皇的寶座。但是，在如願以償之後卻漸漸產生一種身臨困境的感覺，這便是告密和濫殺所造成的民心不穩和政治上的不安。這種情況，使武則天初登帝位便陷入她自己布下的危機之中。武則天意識到，現在該是爲這些酷吏找一個歸宿的時候了。

武則天是告密的狂熱鼓吹者。告密之風曾經幫了她的大忙，使她的敵人們一個個落入她的刑網。但此風既長，也嚴重地毒化了社會風氣，使一些卑瑣小人投機其間，大加利用，告密成爲他們誣陷好人、謀取私利的手段，導致冤獄遍布全國，出現了令人擔心的局面。

公元六八九年八月，曾發生了這樣一件事：流放到鄉州的徐敬業之弟徐敬眞從鄉州逃跑了。他準備叛歸突厥，然後反殺過來。過洛陽時，受到洛州司馬張嗣業、洛陽令張嗣明的資助。徐敬眞剛逃到定州，即被捉獲，張嗣業因資助叛逃，被處以絞刑。徐敬眞以爲告密可以免死，便大肆誣告天下名士，被牽連坐死者多人。管官尚書張楚金、陝州刺史郭正一、鳳閣侍郎元萬頃、洛陽令魏元忠等都受到徐敬眞的誣告，併被捕入獄，武則天下令將他們一一處死。

行刑這天，忽然陰雲密布，日黯無光，天地間一片昏暗。武則天覺得徐敬眞所告不安，又下了一道赦免令，讓鳳閣舍人王隱客馳騎飛快前往刑場宣赦。說來奇怪，赦免令剛剛宣畢，陰晦的蒼穹使閃出一線藍天，不多工夫，使雲消霧散，麗日當空了。

彭州長史劉易從也受到徐敬眞的誣告，判處到彭州斬首。行刑之時，遠近百姓紛紛前來，哭訴劉易從冤枉。還往地上扔衣物，說是求祈劉長史冥福，扔在地上的衣物竟值十餘萬錢。

封建史家在記述這件事時塗上了迷信色彩，實不足取，但多少也可以說明，武則天倡導的告密和濫殺已引起了大怨人怒，民眾同情那些無辜的蒙冤者，實際上也是對武則天政治的不滿。

武則天厭倦了告密，也試圖剎住此風。她命令監察御史嚴善思按問告密之事，分辨眞僞。嚴善思公正剛直，敢於講話，他接旨後對大宗告密的案件進行審理，清理出八百五十多宗假案，遂使告密之徒爲之不振。專事羅織誣告的黨徒十分憤恨，結夥誣告嚴善思，嚴善思被判流刑，武則天知道他冤枉，不久又召他爲渾儀監丞，授官從七品下。

爲了擺脫由告密之風所造成的社會危機，武則天也開始起用剛直不阿，敢於秉公判案的徐有功、杜景儉等執法官。這是一些和酷吏迥然不同的官員。他們擁戴武則天，但堅持自己的意見，有時遭到武則天的斥責仍面無懼色，據理力爭。他們執法無私，不隨意陷害好人，酷吏們製造的冤案，往往給予平反。當時的被告人都說：「遇來（來俊臣）、侯（侯思止）必死，遇徐、杜必生。」

徐有功常對家人說：「今爲大理寺命官，人命所繫，決不能因順從皇上旨意而妄殺無辜。」他前後爲獄官，多次諫阻枉處死罪者，使酷吏的惡行大爲衰減。當時人說，如果法官都像徐有功這樣，法制就清明了。

徐有功這樣的法官對於擺脫告密造成的危機起了一定作用。但女皇並不滿足於此，她不能容忍曾經爲她效命而今卻是幫倒忙的酷吏繼續存在。爲了鞏固統治，她開始打起了這些鷹犬們的主意。

酷吏周興是一個工於心計而又非常殘忍的人。自垂拱以來，被他陷害的多達數千人。大臣魏玄同、韋方質、著名將領黑齒常之等都是被他陷害而死的。

周興等酷吏殘害無辜，惡貫滿盈，引起朝野上下的公憤，官員們恨不得餐其肉、飲其血。御史中丞李嗣真向女皇上了一道奏疏，歷數酷吏之罪，請求制止濫刑。李嗣真的奏章寫道：「……而今告密紛紜，但虛多實少，恐怕有凶慝陰險之徒離間陛下君臣。古時斷獄，都是逐級呈報，公卿參聽，君王寬免三次才行刑。而今定案，都是獄官單車奉使，自己推斷，也不重加審理。或者臨時決斷，也不奏報天聽。這樣將生死大權委之臣下，不是審慎的辦法，倘使有冤案和濫刑，怎麼能知道呢？何況區區九品之官就可以專命推斷，判案既不透過秋官，也不經門下省覆審，國家大法，輕易交給別人，臣擔心這樣下去會導致社稷之禍！」

李嗣真的諫言說出了唐廷大臣們的心裡話，也揭露了社會的弊端。儘管武則天未予應允，但在她心中也引起了震動。

在這不久，酷吏丘神勣因罪被殺，有人告發周興與丘神勣通謀，武則天令來俊臣審理此案。來俊臣本與周興是一路貨色，但女皇的聖旨也不好違抗，況且，這般酷吏都是嗜殺成性的，所以默然受命。

周興到他府上赴宴，席間兩人如往常一樣，談笑風生。談話間，來俊臣似是漫不經心地提出一個問題：「小弟近日審訊幾個囚犯，頑固得很，一個也不肯招供，請問兄長有何良法？」周興滿臉得意，他在用酷刑上確實一點也不比來俊臣遜色。不過他卻也未能細想，平日裡精於此道的來俊臣，今日何以變得如此謙虛，便脫口而出道：「囚犯不肯招供，這容易對付，取一只大瓮來，用炭火將瓮烤熱後，令囚犯進入瓮中，沒有一個不招的。」來俊臣一聽，讚不絕口，其實這個刑法他早已用過，卻假裝不知道，便對周興說：「周兄高招，今日便可一試。」於是令人取來大瓮和炭火，待瓮燒得燙熱時，來俊臣站起身來，皮笑肉不笑地對周興說道：「有狀子告你謀反，我奉太后密旨審問你，就請你進入此瓮吧！」

周興一聽，大驚失色，汗流夾背，他雖然沒嘗過入瓮的滋味，可親眼看到受他這一酷刑的犯人皮破肉爛，慘叫呻吟的樣子，他頃刻之間魂飛魄散，跪倒在地，搗蒜般地叩頭道：「小人認罪，小人認罪。」於是來俊臣將案子上奏武則天。

按法律，周興當判死罪，武則天寬宥了他，改處流刑。周興被解送流放嶺南，剛到半路，就被仇人攔住殺死了。

幾乎在這同時，武則天又殺死了酷吏索元禮，以平民憤。這樣，罪惡昭彰的酷吏便只剩下一個來俊臣了。

周興等酷吏的下場，並沒有引起來俊臣的警惕，他繼續作惡，陷害忠良和無辜者，連耿介公正的大臣狄仁傑，也差一點死在他手中。他搶奪良女，仗勢欺人，幾乎到了發狂的地步。他居然誣告到武氏諸王和太平公主的頭上，這些權勢薰天的王公貴戚於是聯合起來，揭發他的罪惡，武則天這才把他交給司法部門審訊，終於被判死刑。武則天接到判書後，還想赦他死罪，但揭發他的人不少，武則天這才批准司法部門的判決。

來俊臣押赴刑場時，圍觀百姓無不切齒痛罵，他被砍下頭顱後，被他殘害的官民家屬爭著去咬他的肉，有的將他抉眼剝面，有的破腹出心，頃刻之間，來俊臣的屍體成了一堆泥醬。

這種情景使武則天很受觸動，深覺來俊臣惡貫滿盈，罪有應得。為了爭得民心，她下了道制書，歷數來俊臣的罪狀。制書中說：「來俊臣是民間小人，一向冒險投機。因爲他很會揭發審訊，只能說稍微盡到了一點忠誠。因此，把他從很低的地位提拔起來，任爲朝官。歲月既久，他專門勾結奸邪，狼狽爲奸，結黨作惡，他隱匿逆賊之妹，極爲寵愛，逼迫良家之女，以爲妾室，他作威作福，無禮無義，剝奪他人財產比盜賊還凶，所得贓物賄賂多如山積。他妄想把諸王全部殺死，文武百官也都受到嚴重威脅。他還心懷不軌，企圖謀反，不把國君放在眼裡，想做叛逆之臣的行動已非常明顯。天下人都側目看他。恨得咬牙切齒，拔光他的頭髮也不足以歷數他的罪行，將他粉身碎骨也難以平息眾怒。應給以滅族的懲罰，以洗雪天下人的怨恨。」

武則天在制書中，把一切罪過都推在來俊臣身上，自己卻洗了個乾淨，其權術之高明，足見一斑。

來俊臣滅族之後，士庶男女互相慶賀，都說：「今後平安無事，用不著提心吊膽不敢睡覺了，不然的話，不知什麼時候就會大禍臨頭！」

來俊臣之死標誌著武則天時期一代的特殊民吏——酷吏命運的終結。武則天處斬來俊臣的制令，既是對酷吏的宣判，也是對其政策改變的宣言。女皇因政治的需要起用了酷吏，同樣是因爲政治的需要將酷吏送進了墳墓。她借助酷吏之手消滅了怨敵，現在她需要借助鷹犬們的頭顱平息危機。

武氏兄弟的命運

武則天冊封爲皇后以來，她的親族都先後得到升遷。異母兄武元慶自右衛郎將提升爲掌管皇族親屬的宗正寺次官宗正少卿，從四品；武元爽自安州戶曹擢爲掌管百工技巧的少府監次官少府少監，從四品。還有兩個從兄武惟良、武懷運也分別擢升。武惟良自始州長史擢爲掌管品械文物的衛尉寺次官衛尉少卿，從四品；武懷運自瀛州長史擢爲掌管一州之政的淄州刺史，正四品。武則天的母親楊氏封爲榮國夫人，姐姐封韓國夫人，只有妹妹及妹夫郭孝愼早死，未封號。

武則天這樣做的時候，曾猶豫了好久。她與異母兄武元慶、武元爽的關係並不親密，或者說，毫無感情。在武則天幼年的記憶裡，兩個哥哥對她很不好，經常欺侮她，根本不像當哥哥的樣子。她十二歲以後，父親武士彠死了，兩個哥哥依照傳統的禮教主持了這個家庭，武則天和母親楊氏倍受欺凌。這些往事在武則天的記憶中是深刻的，她曾發誓，要讓這兩個哥哥認識到，任何給予她痛苦的人，總有一天要受到懲罰。

武則天最終決定為他們請求封賞並非是忘記了仇怨，而是完全為自己打算的。她想到，自己雖榮居后位，但力量尚嫌單薄，引親戚入廷，可以助己聲威。她相信，異母兄會感恩戴德、會加倍地效忠於她。她要把他們拉到自己身邊，讓他們帶著往日的愧疚服服貼貼地為她賣力。她告知母親楊氏，讓楊氏在宅中設家宴，慶賀武元慶、武元爽和武惟良、武懷運榮任新職。席間，楊氏不住地給四兄弟夾菜斟酒，親熱地視同己出。四兄弟受寵若驚，也頻頻向他們的繼母、嬸母敬酒。

談過一些毫無用處的家常之後，楊氏用審視的目光看了看四兄弟，問：「你們還記得過去的事嗎？今日榮遷，作何感想？」四兄弟聞聽，愕然良久。他們猜知了楊氏的用意，卻一時不知作何回答。

稍頃，年長的惟良起身道：「我等得備一官，不過是依賴父輩之功。惟良自知才能低下，並不想求貴求榮。現在，因爲皇后的緣故，意外地受到升遷，擢官內廷，但並不引以爲榮，相反地，卻深感憂懼。」元慶、元爽、懷運聽罷，也說：「惟良兄說得在理，位高益危，反令人擔憂。」

楊氏本以爲四兄弟會由衷地感激一番，想不到四人根本不肯逢迎，她臉上的笑容頓時飛散了，又勉強地應付了幾句，一場家宴便不歡而散。

不言而喻，這件事很快便傳入武則天耳中。武則天對四兄弟大爲惱火，本欲忘卻的舊怨又重新浮上心頭。她不是那種濫施恩寵的人，她不能讓不知感恩之徒得到任何好處。

乾封元年（公元六六六年）八月間，她向高宗李治上了一道關於制止外戚干政的奏疏，名正言順地向四兄弟進行了報復。

奏疏稱：

古來賢后，無不以國為重，以家為輕，秉公無私，不偏親戚。東漢明德馬皇后，學識淵博，謙恭謹慎，不僅自己不干預政事，也不准自己兄弟封侯，外親中有不守法度者，即斥歸田里，杜絕屬籍。一時間，朝野盛讚，傳為美談。本朝文德皇后也曾有言：「不願兄弟子侄布列朝廷。」、「欲使其子孫保全，慎勿處之權要。」皇后之言足可垂範百代，母儀後宮。臣妾雖不敢妄比於古之賢后，但實不願兄長因臣妾故居宮內廷。為帝業計，請出惟良等為邊遠之州刺史。

武則天這番冠冕堂皇的述說，使高宗李治稱讚不已。他誇獎武后以國家大業爲重，不偏私親戚，可爲後宮楷模。他當著朝臣和妃嬪的面說了許多讚譽武則天的話，並毫不猶豫地答應了武則天的請求。

於是，四兄弟被解除了內宮官職，調往邊遠之州。惟良檢校始州刺史，距京師一千六百餘里；元慶爲龍州刺史，距京師二千六百餘里；元爽爲濠州刺史，距京師二千一百餘里；懷運因不在京師，所以，仍在淄州做刺史。

元慶所去的龍州，極爲偏遠，秦、漢、曹魏時那裡是無人之地，後魏時方置龍州。元慶到龍州後，見那裡滿目荒涼、人烟稀少、土地貧瘠，情緒十分低落，又加上氣候和水土不服，不多久便憂鬱而死。元爽到濠州不足兩個月，則因一樁官司受到牽連，被朝廷判處流刑，削職押送振州。路上，押送卒百般摧殘折磨，不多日死於荒野之中。

武承嗣罷相

武則天在以周代唐的非常之際，任用了一個以近戚和親信爲主的執政班子。這些人其實都是些不學無術的奸猾之輩。這些小人既得志，對上極盡諂諛之能事，對朝廷內外官員百姓則濫耍威風。他們亂政濫刑、貪贓求賄、結黨營私、賣官鬻爵。武則天一方面要任用他們，想依靠他們來鞏固新王朝，壓服反對者；但另一方面又要限制他們，因爲她知道，任用這些人，要非常小心，否則反會擾亂朝政，引發更多人的怨言，影響她自己的聲譽，因此武則天對他們加以控制，防止他們專權。

武則天稱帝以後，封武家人武承嗣等多人爲王。武承嗣、武三思是武則天異母兄的兒子，親屬最近，也最得信任。公元六九〇年，武承嗣爲文昌左相，同鳳閣鸞臺三品，在宰相中權力最大。

但是武承嗣野心勃勃，一心想當皇太子，承接武則天的皇帝之位。於是，就有了洛陽人王慶之等人受指使上書請立武承嗣爲太子的事。

武則天對立皇嗣這麼重大的問題是很謹慎的，所以她一直難以決斷，脾氣也最反覆無常。有一天，她讓人找來勸立武承嗣爲太子的王慶之，問他說：「今天的皇嗣是我的兒子，你說說爲什麼要廢他的道理來。」王慶之回答說：「神不受不是自己親族的人的祭祀，人們也不祭祀不是自己親族的祖先。現在是誰有天下？怎麼能讓李姓的人作爲自己的繼承人呢？」武則天不聽，命令他下去。王慶之企圖以此舉獲得武則天對他的賞識，沒想到武則天不予理睬。他便以爲這又是武則天故意做作，於是表示出懇請的樣子，伏在地上，以死來泣請，並不下去。武則天給了他一張蓋了皇帝王璽的紙說：「好吧，你以後想見我，就用我紙出示守門的人。」王慶之如獲至寶而去，以後又多次求見，這下把武則天惹火了，命令李昭德賜王慶之以杖擊。

李昭德巴不得有此諭旨，故意把他拖到光政門外，對所有的朝士們大聲說：

「此賊竟敢說要廢我皇嗣，立武承嗣為太子！」說完命宮廷衛士杖擊之。眾朝士這時也不害怕武承嗣了，都喊：「打死他！打死他！」宮廷衛士們素恨這種人仗勢欺人，又見眾人慫恿，乃把王慶之一陣狠打，打得耳朵、眼睛都流出血來，一直打到他死。在場的人無不稱快。跟來請願的那些無賴們見此情景，慌忙四散逃命，再也不敢來胡鬧了。

事後，李昭德對武則天密奏說：「魏王承嗣權太重了。」武則天不以為然地說：「承嗣是我的侄兒，所以我才委以心腹之任。」李昭德說：「侄兒同姑母的關係，能夠親過父子嗎？做兒子的還有篡奪父親的權位，殺死自己父親的呢，何況侄兒呢？現在，武承嗣既是陛下的侄兒，又是親王，又當宰相，權力幾乎同君主平分秋色，假如他有朝一日懷篡謀之心，陛下恐怕不得久安於天子之位了！」武則天聽後大驚失色，為什麼讀過這麼多經史竟把宮廷鬥爭中最常出現的情形都給忽略了呢？還虧得李昭德提醒，她說：「說得好！朕還沒想到這一層呢！」

於是，武則天以武承嗣為特進，武攸寧為冬官尚書，楊執柔為地官尚書，都罷知政事，離開了宰相這一樞要之任。楊執柔為母親楊氏之親戚，具才學與能力，也就是曾在狄仁傑七人謀反案中，王德壽提出讓狄仁傑誣陷的那個人，這次也因是親戚而居宰相之任，被武則天罷免。在朝廷宰相群諸武與其他老臣的鬥爭中，他們第一次受挫，如果不是李昭德利用武則天的心理巧妙進言，李昭德恐怕也難逃諸武的陷害。諸武離開樞要，讓大臣們鬆了一口氣。

武則天從此注意限制諸武親王的權力，在諸武離開宰相之位以後，任命了一批低品宰相。但是武承嗣等人不甘心受此挫折，在武則天面前毀謗李昭德。然而，李昭德已有言在先，深深打動了武則天，武承嗣再說他的壞話已爲時過晚。武則天對武承嗣等人說：「這事你不用說了，我任用李昭德才能睡得著覺，心裡也才能安穩，我這是讓他替我分憂代勞。」

武氏諸侄最終都未能專權禍害朝廷。

懲處李義府

親信之臣既能成事，更能敗事；既唯命是從，又會恃寵妄爲。武則天對親信的態度是：有用則用，無用則棄，對敗事者則毫不姑息地加以懲處。

武則天即位不久，任命為檢校內史還不到一個月的宗秦客即被揭告犯有貪贓之罪。武則天不管他的功勞多大，仍將他貶為遵化縣尉，其弟宗楚客也因犯通奸、貪贓罪流放嶺外。過了幾天，內史邢文偉想透過包庇宗秦客獲得武則天的好感，不想武則天並不領情，反而還治他阿附之罪，貶為珍州刺史，他聽說有奉敕使者到州辦事，以為武則天要誅殺他，驚恐自殺。新任納言史務滋也因審謀反案得罪來俊臣，恐懼自殺。一步登天的鸞臺侍郎、同平章事傅遊藝驕傲自得，有一次他鬼使神差地做了個夢，夢見他登上湛露殿，他又鬼使神差地講給親信的人聽，親信立即上告，武則天命人將他拿下獄，結果，傅遊藝也自殺。

武則天的得力親信李義府早有惡名，但武則天念其功大，不願做讓他寒心的事。李義府見武則天寵他，越來越恃寵驕恣。不僅自己肆無忌憚，就連整個家族也無所顧忌，專以賣官為事，升降官員，不講次序，僅憑金錢與親疏關係，弄得許多人怨聲載道。高宗略有所聞，先還好言勸告他說：「愛卿的兒子與女婿不謹慎，做了許多非法的事，我曾為你掩蓋，卿宜戒之！」李義府聽了，勃然變色，伸長了頭頸追問皇上：「這是誰告訴陛下的？」高宗說：「我就這樣說說而已，你何必追問是誰說的呢？」李義府竟毫不認錯，大搖大擺地走了，高宗為此很惱火。

有一個名叫杜元紀的方士曾對李義府說，他所居住的府第有獄氣，應該積聚錢二千萬來消災避禍。李義府聽了很相信，貪污受賄更急迫了。李義府在為母親守喪時，按規定賞給了他哭假，李義府卻利用這假日穿了便服，同杜元紀登古墓望氣色。於是，有人狀告李義府窺看災異，蓄有異圖。還有人告發說他的兒子右司議郎李津，賣官給長孫無忌之孫子長孫延，收取賄賂錢七十萬。

高宗、武則天在忍無可忍之下，下令拘捕李義府入獄，派司刑太常伯劉祥道與三司共同審理此案。命李勣監審。結果，一切罪狀均是事實。於是下詔將李義府除名，流放嶲州（今四川省西昌）；其子李津被除名，流放振州；李義府諸兒子女婿也都被除名，流放庭州（今新疆省奇臺）。懲處李義府的決定，高宗是不會下達的。他在這件事情上必須徵求武則天的意見。因為他很清楚，李義府在武則天升為皇后中所起的作用，況且李義府也是她的親信。這肯定是武則天做了反覆的思考後，才作出決定的。懲處一個李義府，無論是反對派還是擁護者都對此心服口服。朝野莫不稱慶。後來有人還寫了一篇〈河間道行軍元帥劉祥道破銅山大賊李義府露布〉（公開告捷奏章），貼在鬧市區的大街上，以隱喻的方式把這件事大加宣揚，一時人快人心。所謂「銅山大賊」，是指李義府劫得銅錢如山。

三年後，朝廷大赦，唯獨流放在外者不得歸還朝廷。李義府自知只能在流放中了此一生，憂憤成疾，發病而死。

小人與君子

女皇武則天寵養男婢，遊山玩水，宴飲笑鬧，以消遣暮年之寂寞。這種行為自古以來為正直的大臣所反對。親君子，斥小人，清心寡欲，風化天下，役已利物，為臣下樹立好榜樣，為天下樹立好風氣，這是儒士們對君王的理想。女皇暮年的這些行為，與這種理想是相違背的：因此一些敢於忠言直諫的大臣是看不慣的。狄仁傑、王及善等還活著時，對女皇屢有勸諫，但都有所保留。因為武則天並不是一個昏君，她雖親近小人，但並不疏遠君子，政事委重眾宰相，而不讓二張兄弟等近幸干預朝政，在朝堂上樹立的是清正之風，而不是奸佞之氣。她耽於宴遊玩樂，但七十多歲高齡，卻仍思維明敏縝密，也不荒廢政事。

薛懷義是武則天的內寵，恃勢驕橫，武承嗣、武三思以下的各親貴都像奴隸尊王那樣尊敬他。有一天，薛懷義在朝堂遇到宰相蘇良嗣，傲慢無理，大搖大擺地走過去只當沒看見。蘇良嗣大怒，令左右把他拖倒在地，打了他數十耳光。薛懷義受此羞辱，向武則天訴苦。武則天說，你應該出入北門，南牙（尙書省等官府在宮南）是宰相往來的地方，你不要觸犯他們。

女皇不滿足讓薛懷義僅僅做一個枕席伴侶，她要讓他進入政界。薛懷義巧於營造，武則天就安排他在宮中管理此事。他調集好幾萬民工，建成了耗資巨大的明堂。武則天還讓他掛帥出征，建功立業。沒想到這位男寵後來連女皇都不放在眼裡，膽大妄爲惡行累累。武則天對他失望了。這時，有人告發薛懷義圖謀不軌，武則天命人將他捉獲，亂棍打死。

後來武則天又用張易之、張昌宗作內寵。二張及武三思恃寵驕橫，宰相韋安石很看不慣，當面斥責過他們。一次他侍宴內廷，張易之引來蜀中商人宋霸子等數人在座賭博爲戲。韋安石跪在武則天面前，奏道：「商賈是民中賤類，不應該參加這種宴會。」然後對左右的人說：「把他們趕出去！」其他侍宴的大臣都怕他得罪女皇，很爲他擔憂，一個個臉色都變了。但女皇認爲韋安石的話有道理，反而笑談如常，慰勉韋安石，並不怪罪。其他大臣都嘆服女皇的容人和韋安石的大膽。

二張權勢顯赫無比，遭到朝臣們的猛烈攻擊。武則天雖然保護二張，但也下敕書說，張易之、張昌宗作威作福，著到肅政堂受審，表示重視朝臣們的公憤。她控制這些親近小人，不給他們行政上的重權，因此，成群齷齪小人，作惡還有一定限度，基本上不甚損壞當時的政治。

納諫風度

《孔子家語》說：「魯哀公問孔子：『兒子聽從父命，這就是孝嗎？臣子聽從君命，這算是忠嗎？』哀公連問三次，孔子都沒有回答。孔子出來後把這件事告訴他的學生子貢，說：『你看應該如何回答？』子貢說：『子從父命，這就是孝；臣從君命，這就是忠。』孔子說：『眞是淺薄無知啊！歷來天子有敢於提意見的耿直之臣七人，那麼他就不會有大的過失；諸侯有這樣的直臣五人，他就不會失其國；大夫有這樣的耿直之士三人，就可以保住他的官位俸祿；作父親的有這樣的耿直兒子，就不會做出違禮之事；一個人有這樣耿直的朋友，才能不做不義之事。兒子對父親、臣下對君主只是唯命是從，怎麼稱得上孝和忠呢？』」。

一天，晉平公問叔向：「國家最大的憂患是什麼？」叔向回答說：「大臣爲了保住自己的官位，而對君主的過失不敢直言；親信們害怕獲罪而不敢發表意見；四方下情不能上達。這是國家之大患。」

武則天對儒家的這一套學說，推崇備至，她在《臣軌》這部書中，專列〈匡諫〉一章，明確指出：「君主有過失而臣下不能直諫，將危害國家，有損社稷。」要求大臣們做冒死直言的忠勇之士，而她自己則身體力行，大有唐太宗遺風。

三　任徐有功

武則天雖然鼓勵告密，重用酷吏，但對剛正無私的法官如徐有功、杜景儉等，並不排斥。武則天心裡清楚，這是一些和酷吏迥然不同的官員，他們維護朝廷，但堅持自己的意見，敢於據理力爭，不陷害好人。所以武則天樂於用其人、聽其言。

一天，有個魏州人上書告發貴鄉縣尉顏余慶曾參與琅邪王李沖的叛亂。武則天將此案交給來俊臣審訊。顏余慶有什麼反罪呢？原來琅邪王李沖曾在貴鄉縣放債，一次他派幾個家奴到貴鄉收債，這幾個家奴出發前曾給任貴鄉縣尉的顏余慶送去一封信，請他幫忙收債。顏余慶幫他們收了一些債錢。李沖起兵造反失敗被誅時，顏余慶沒有受到牽連。永昌元年，武則天曾下過赦令，明文規定凡參加李沖父子謀反的不是魁首的可以免死。四、五個年頭過去，還有人揭發顏余慶的事，這是因爲武則天對告密者常給以獎勵的緣故。來俊臣定顏余慶爲反叛罪，要判他死刑。御史臺根據永昌年間的赦令，改判爲流放。武則天於是召集官員討論此案，侍御史魏元忠奏道：「顏余慶幫助李沖收債款，並和李沖通信，謀反證據充足，不是從犯，該判死刑，抄他的家。」武則天表示同意。

司刑丞徐有功站出來反對說：「皇上永昌年間下的赦令說：『參加李貞（李沖之父）叛亂的魁首都斬首伏法，餘黨還揭發的可以從輕發落。』顏余慶是永昌之後揭發出來的，應是從犯，不是魁首，不宜判處死刑。如果將他作爲魁首懲處，那是將活人變爲死人，該赦免的反而加罪，這還不如不頒發赦令的好。竊以爲朝廷處置不當。」武則天臉色一變，大怒道：「那麼什麼人是魁首呢？」

徐有功面不改色，從容回答說：「所謂魁，就是首領，當頭的人；首，就是主謀的人。」武則天又問道：「顏余慶爲什麼不能算是魁首呢？」徐有功回答說：「像李貞（李沖之父）這樣的人才算魁首，他們早已依法處死。顏余慶今天才論罪，他不是從犯是什麼？」

武則天啞口無言，怒氣也消了許多，便說：「你再想想吧！」最後還是免除顏余慶的死罪。

當武則天發怒，徐有功和她爭論時，在場的官員和左右侍衛數百人，個個縮著脖子，驚恐萬狀，連大氣也不敢出，可徐有功始終鎮靜自若。徐有功秉公辦事，不畏權勢，執法嚴明是一貫的。他早年任蒲州司法參軍時，便執法嚴明，為政寬仁，從不杖打受審的人，當時百姓十分感激，互相約定說：「有受徐參軍杖打的，必共斥之。」徐有功在任滿時都未杖打過一人。他調到京城任司刑丞後，多次與酷吏周興、來俊臣等爭辯，前後被他救活的人有數十百家。當時被告的人流傳這樣的話：「遇來、侯必死；遇徐、杜必生。」來是來俊臣，侯是酷吏侯思止；徐是徐有功，杜是杜景儉（也是個清官）。

在酷吏橫行和受重用之時，徐有功逆狂風而行，不能不遭受挫折與困難。天授元年，道州刺史李行褒及其弟榆次令李長沙被酷吏所陷害，判滅族之罪，徐有功竭力為之辯解，沒有結果。酷吏周興反而告徐有功的狀，說他故意為謀反的囚犯開脫，罪當斬首。武則天見到周興的狀子後，雖然沒有判徐有功死罪，卻也罷了他的官。這是徐有功的第一次被免官。

過了一些時日，武則天想起徐有功的爲人，覺得他不是一個阿諛奉承之徒，他敢於直言，能幫她糾正一些偏差，於是又要起用他爲侍御史，徐有功對著武則天伏地流涕堅辭道：「臣聽說鹿跑到山林裡，其命卻操在廚子的手裡，情勢如此也。陛下以臣爲法官，臣不敢枉法，必定死在這個位置上。」言下之意是不枉法必死，枉法者安然。武則天並未動怒，還是堅持要他任職。徐有功只得硬著頭皮上任。

徐有功復職後，《舊唐書》在他的傳記裡這樣寫道：「時遠近聞有功授職，皆欣然相賀。」當官而使別人感到這是值得慶賀的事，在那個時候，這個官就很不簡單了。但清官畢竟難當，武則天自垂拱元年至長壽元年的六、七年間，透過酷吏之手，殺掉的李唐皇親國戚已有數百人，還有大臣數百家，刺史、郎將以下被殺的更是不可勝數。在這樣殘酷的環境裡，徐有功要當一位執法公正的清官，談何容易，於是沒多久又發生這樣一件事。

潤州刺史竇孝湛之妻龐氏被家奴誣告，說她弄神作鬼別有異圖。武則天令給事中薛季昶審訊她，薛季昶逼供成招，判龐氏死罪。徐有功爲她辯護，說龐氏謀反證據不足，不應判罪，薛季昶於是勾結幾個酷吏誣告徐有功包庇惡逆，該處斬。武則天經徐有功當面申辯後，雖減掉龐氏的死罪，卻又將徐有功撤職，貶爲庶民。徐有功再次丟了烏紗帽。不久，武則天又起用他爲左司郎中，還升任司刑少卿，徐有功仍然堅持依法辦事，被他救活的無辜者不少，史書上還說酷吏們也有所收斂。

徐有功以後沒有再遭挫折，他卒於官，時年六十八。從徐有功的幾次浮沉，可以看出武則天在用人方面，並不是只用一味順著她的旨意辦事的酷吏，也用一些有眞才實學，敢於和她頂撞、能秉公辦事的官員，這樣的官員，除徐有功外，還有狄仁傑等多人。

眞正的宰相

知人與納諫是相互關聯的兩個方面。稱得上知人善任的帝王大都能夠兼聽博采，廣開言路，充分發揮賢良之士的作用。在這方面，唐太宗是做得比較突出的，他和臣僚們開創的「貞觀之治」便是以兼聽爲主要特色。爲了和官員們統一意見，鞏固政權，唐太宗採取了諸如使諫官隨宰相入朝議事、重賞進諫官吏、鼓勵官員直言等許多措施，宮廷內部比較開明，言論比較自由。

武則天早年在唐太宗身邊的時候，經常聽到太宗皇帝容納直言的事，若干年後仍記憶猶新，爲她治理天下提供了良好的借鑒。從性格上說，女皇不像太宗皇帝那麼寬容、豁達，她比較固執，甚至有些獨斷獨行。但她也並不是個聽不進諫言的人。大臣的進諫如能有利於她的統治，她還是樂於接受的。

有一次，掌管向皇帝進諫的右補闕朱敬則上疏武則天，指出，現在天下已經太平，不應繼續實行嚴刑峻法的政策。秦在戰國時採取嚴厲的刑法以加強統治，排除私人勢力的干擾，結果使民富國強，終於吞併了六國。可是在秦統一後，仍沒有新策，終至亡國。他希望武則天以秦的成敗爲鑒戒，及時改變法度，廣布恩德，使天下臣民能夠消除恐懼和顧慮，安居樂業。武則天以爲言之入理，對朱敬則進行了褒揚，長安年間，朱敬則任政諫大夫，兼修國史。當時賦役繁重，戶口逃亡，朱敬則頻頻向武則天呈奏諫言，非常激切。武則天多次將他召入宮中，同時研討天下大事。不久，又提拔他當了宰相。

武則天納諫，也不以官階爲憑，天冊萬歲年（六九五年），她接到劉知幾的一封奏表。那時候，唐代著名史學家劉知幾還是獲嘉縣（今河南省獲嘉）主簿，一個九品小官。武則天並未輕視這個位卑職低的地方官的表奏，認認眞眞地讀起來。

她看到，奏表中提出的是四條頗有見地的建議：一是赦令不可太濫。奏疏說，每年都有赦令，甚至有時一年不下兩次，這樣會使壞人有可乘之機，無所顧忌，不應輕易下赦令；二是不要隨便提升官吏。現在每逢朝廷舉行宴會時，穿緋色衣服的高級官員比穿青色衣服的低級官員還多，拿象笏的大官比拿木笏的小官還多。許多濫竽充數的官員能力低下，操行不佳。希望皇上不要隨意降恩施惠，使求官的人知道勉勵和約束自己；第三是裁汰冗員，節制恩賞，防止那些以鑽營爲能事的人投機取巧；第四是州縣長官不可調動太頻繁。他認爲，刺史是地方最高長官，刺史的好壞直接影響國家的治亂安危，如果倏來忽往，勢必造成因循苟且之風。他主張刺史任職三年以上才可以調動，應考核其功過，賞罰分明。

劉知幾的意見是中肯而且切中時弊的。武則天接納了他的諫言，對他給予了嘉獎。聖曆二年（六九九年），劉知幾被調到長安，和另外幾個官員一起編纂關於儒、佛、道三教典故的類書《三教珠英》，兩年編成，留在長安，進入史館，先後任著作佐郎、左史、著作郎、秘書少監等職，參預修撰國史、起居注、實錄等。中宗時又寫出了我國第一部史學評論專著《史通》。劉知幾的成就與武則天的獎掖不無關係。

大足元年（七〇一年），武則天還接見了一個遠道而來的上書者。名叫蘇安恒，冀州武邑人，涉獵經史，尤曉《周官》及《左傳》。他是以普通人的身分徒步千里前來洛陽的。蘇安恒的上書主要是關於請武則天傳位太子，降梁王武三思、定王武攸暨、河內王武懿宗、建昌王武攸寧爲縣公，及請封武則天二十餘孫以屏藩皇家的事。武則天很讚賞他的精誠敢言，在宮中賜給他飲食，然後才讓他回去。

過了一年，蘇安恒再次上疏說：「現在太子的年歲和威望都很高，陛下貪戀皇位而忘記了母子間的深恩，不知陛下將來以什麼顏面去見高祖、太宗和高宗？

我認為無論從天意和人心各方面來說，天下終究還是李家的。陛下直到現在還不離開皇位，殊不知物極必反，器滿則傾。我不能為了自己的性命而不考慮國家的安定。」儘管這一建議武則天根本不可能接受，但她也沒有加罪於蘇安恒，足見其度量之大。

武則天喜祥瑞、重佛事，大臣們對此多有勸諫。聖曆二年（六九九年）九月，有的梨樹奇異地開了花。武則天拿著一枝梨花對大臣們說：「這是什麼祥瑞啊！」諸大臣都說：「陛下德及草木，所以秋天的梨樹能再次開花。」鳳閣侍郎杜景儉卻說：「現在已是秋天，草木黃落而忽然開花，是違反自然規律的。臣擔心陛下布教施令有虧典禮。此外，臣等自為宰相，本應助陛下治天下，卻導致天理物理不平，這是臣的罪過。」說著，竟跪倒在地，向武則天謝罪。杜景儉不諂媚逢迎，敢於直言，使武則天很受感動，她脫口說道：「卿才是真正的宰相啊！」

長安元年（七〇一年）三月，天氣本已變暖，突然下起了大雪。宰相蘇味道以為祥瑞，準備率百官向武則天慶賀。殿中侍御史王求禮阻止說：「假如三月裡下的是瑞雪，臘月裡下的雪不更應該叫瑞雪麼？」蘇味道不聽，執意舉行慶賀。這日，蘇味道率百官見武則天，以相祝賀，唯獨王求禮不拜賀，並十分大膽地說：「現在已是仲春，萬物正在復甦，天氣忽然變寒下雪，莊稼和果木都要受到傷害，這是天降災害，絕非祥瑞！」他還尖銳地指出，前來慶賀的人都是要阿諛討好，不可信以爲眞。武則天很驚奇王求禮的膽量，她並沒有因爲王求禮掃她的興而治罪於他，反而當即表示接受意見，並下令停止朝會三天，以示對這種反常天氣的驚懼。

這時，又有人進獻了三隻腳的牛，宰相以爲祥瑞，又向武則天祝賀。王求禮大聲說：「凡物反常皆爲妖異，這是政教不行的跡象，哪裡是什麼祥瑞？」武則天的情緒消沉下去，祝賀者也討了個沒趣。

長安四年（七〇四年），武則天在洛陽城北的白馬寺阪修造大佛像，所用錢財名義是向天下僧尼收的稅，實際上卻出在百姓身上。因此，宰相李嶠上書說：「我聽說所塑造的佛像的非戶口錢出自僧尼，其實，沒有州縣的祗承根本不能做到。天下的百姓貧弱者衆多，有的靠給人做工來準備乾糧，有的賣田賣房來支付徭役。造佛像的錢多達七十餘萬緡。如能將這些錢用來救濟貧困，一戶一千就能救濟七十餘萬戶，同時還能節省大量勞力，又符合佛祖慈悲之心。如果真的能這麼做，佛祖和百姓就會高興，陛下的功德理能廣大無邊。與其修來生之福，不如讓百姓得到今生的實惠呢？」

監察御史張廷珪也上書進諫說：「臣以爲當前最關緊要的大事首先應是安定邊境，積蓄府庫，休養生息。即使拿佛教的道理來說，也應救災救難，杜絕不正當行爲。希望陛下體察臣的愚見，行施佛的慈悲，務以治理爲上，不要因人廢言。」武則天接受了這兩個大臣的建議，下令停止修建佛像，並親自召見了張廷珪，給予豐厚的賞賜。

武則天制定有關政策及任用官員，也能聽取臣下的意見。長安三年（七〇三年），有人上表建議收關市稅，鳳閣舍人崔融反對，上書說：「聽說爲了增加國庫收入，資助軍費開支，有人向陛下建議加收關市稅，不僅要收工商業者的稅，還要收所有行人的稅，我認爲不能這樣辦。現在天下運輸，很多人要靠河流船隻，如果每個江津河口都要設置稅卡，檢查時不僅浪費時間，而且每過一個津口，官府都要收稅，主管的官吏也免不了從中敲詐勒索，接受賄賂，這樣必然招致禍端。一方面壅塞貨物交流，使萬商廢業，一方面也會加重百姓負擔，影響他們的生活和生產，甚至會引起暴亂。所以，我認爲增加關市稅的辦法一定不能施行。」武則天採納了崔融的建議，不再考慮徵收關市稅的事。

清朝人趙翼曾說，武則天「納諫知人，自有不可及者」。此話並不過分。女皇在用人和納諫問題上雖然尚有許多不足，但也不失爲一個開明的君主。

直臣魏元忠

武則天重用正直不阿的大臣，採納他們的意見和建議，這是她的英明之處。但武則天也意識到，這些人在朝中深得人心，影響很廣，號召力極大。萬一圖謀不軌，將不堪設想。所以，武則天對他們一旦存有疑心，哪怕毫無依據，但爲大局計，也不得不忍痛割愛，以絕後患。對待直臣魏元忠就是如此。

事情是由武則天的寵男二張兄弟引起的。

實際上，女皇寵幸男侍妾，雖事關風化，但古來哪個帝王不是三宮六院，粉黛成群。女皇這種行爲無非是一個年老帝王的常情罷了。所以大臣們雖然看不慣，但並不過多地去干涉。可對二張兄弟干擾朝政，恃寵驕恣，大臣們就不能容忍了。特別是宰相魏元忠。

魏元忠性情剛烈暴躁，嫉惡如仇，敢說敢爲，從不保留隱瞞自己的觀點。治理政事、統馭下屬威嚴有餘，通融欠缺。他兼洛州長史，對洛陽縣令張昌儀的不法行爲很厭惡，常斥責他。張易之的家奴在洛陽市上打人，魏元忠下令將那人當場杖殺。一次，女皇已內定召張易之兄弟、岐州（今陝西省鳳翔）刺史張昌期爲雍州長史。在朝廷上她先徵求眾宰相的意見說：「你們說誰堪任雍州長史？」魏元忠說：「今天朝臣中薛季昶無人可比。」女皇說：「季昶久任京職，朕想另有委任，你們覺得張昌期如何呀？」諸宰相都說：「陛下得其人矣。」魏元忠卻說：「昌期不堪爲長史！」女皇問其原因，他說：「昌期是個少年，不懂政事。以前在岐州，戶口都逃亡殆盡。雍州是帝京之地，事務重大而且繁多，薛季昶精明強幹，而且相當熟悉政事，應由他來擔任。」女皇也就不好再說什麼，最後同意了其意見。

魏元忠對女皇寵幸張氏兄弟非常不滿，對二張更是仇恨。他對女皇直言說：「臣自先帝以來，一直蒙女皇優渥恩寵，如今作到了宰相，卻不能盡忠死節，使得小人在陛下之側，這是臣的罪過啊！」女皇聽了不高興，認為他干預太多，而張易之兄弟早就對他恨之入骨，想陷害他。

由於女皇身體不好，張易之兄弟害怕將來一旦女皇去世，就會被魏元忠殺掉，就誣奏說：「魏元忠曾與司禮丞高戩私下議論陛下的身後之事，說：『太后老了，不如挾持太子，以為長久之計。』」女皇最恨、最怕的就是這種謀逆之事，而且魏元忠的脾氣剛烈，敢做敢為，又是太子的左庶子，就有了幾分相信，她立即警覺起來，大怒不止，令將魏、高二人下獄。但她又不想枉殺，就令皇太子、相王及眾宰相等與張氏兄弟在朝廷上對質，把事情談清。他們都自辯沒有此事，二張又一口咬定，女皇決定不下來真假。

張易之、張昌宗強誣不成，遂以高官為許諾，悄悄地拉攏年輕的鳳閣舍人張說，讓他做偽證。張說本為奉宸府的官員，平時與張氏兄弟宴樂賦詩，很玩得來，也就同意了。次日，女皇召張說對質，張說將進朝堂的時候，宋璟等幾個同事把他擱在外面，鳳閣舍人宋璟對他說：「你可是一個讀書之人，非同無恥小人，名義至重，鬼神難欺，不可以趨附奸邪而誣諂正派之人以求活命啊！若是獲罪流竄，也博得個好名聲，萬一有不測，我宋璟會叩閣力爭，與你一起死。這回就看你是什麼樣的人了，是讓萬代景仰呢，還是背負誣陷阿附的名聲，你可要選擇好！」殿中侍御史張廷珪則背了孔子的一句書說：「朝聞道，夕死可矣！」以此來激勵他讀書人的良心。左史劉知幾在一旁又激他說：「不要給自己留下罵名，讓子孫受累！」張說聽了，讀書人的自尊心受到了刺激，內心思想鬥爭得很激烈，肚子裡直打鼓。

進到廷中，女皇問他時，他一急，呑呑吐吐不敢說話。魏元忠一見張說，眞恐懼起來了，因爲張說是二張之黨羽，他想：這下子性命眞的沒有了。他孤注一擲就對張說說道：「你想與張昌宗、張易之共同羅織我魏元忠嗎？」張說聽了，這才下了決心。他斥責魏元忠說：「你一個男子漢大丈夫，身爲宰相，也說這些無聊小人的話啊！」

這時昌宗也在一旁催逼張說快講。張說言：「陛下你也看見了，在陛下面前，張昌宗還敢逼迫臣到這個樣子，何況在外面呢？臣今天對全朝廷的人，不敢說假話，臣確實不曾聽過魏元忠說過那樣的話，是張昌宗逼臣作假證的。」

張易之、張昌宗一聽急了，趕緊在一旁大呼道：「張說曾與魏元忠同反，我們有證據。」女皇問有何證據，張氏兄弟回答：「張說曾講魏元忠是伊尹、周公。伊尹曾流放太甲，周公曾攝王位，這話不就是要反嗎？」張說反擊道：「張易之兄弟，你們這些小人，只聽過關於伊尹、周公的典故，哪曉得伊尹、周公的品格呢？魏元忠剛當宰相的時候，臣以他手下郎官的身分前往賀喜，魏元忠對我們眾來客說：『無功受寵，不勝慚愧恐懼。』臣當時確實說過：『明公位當伊尹、周公之任，幹嘛爲當三品官而慚愧呢？』伊尹與周公都是臣子中最忠心的人，古今仰慕。陛下任用宰相，不讓他們學習伊、周，那麼應當讓他們學誰呢？且臣豈不知道今日附昌宗可以馬上升官，附魏元忠則立致滅族！但臣畏魏元忠的冤魂，不敢誣諂他啊！」

女皇害怕有一個大陰謀在裡面，對眾臣說：「張說反覆無常，在魏元忠面前說他是伊、周，在張易之面前又說元忠的壞話，先說可證明元忠反，現又說元忠不反。應一起審訊。」第二天，武則天再問張說，張說還是矢口否認。武則天大怒，命宰相們與河內王武懿宗共同審訊張說，張說仍是那番話。但這仍不能消除女皇的疑心。

朱敬則此時已升任正諫大夫、兼修國史、同平章事，其它宰相都不敢為魏元忠辯冤，他以其一慣的大膽上奏，說：「魏元忠素稱忠正，張說所罪無名，若讓他們抵罪，恐讓天下人失望。」當時的冀州儒士蘇安恒曾數次投書勸諫過女皇，女皇對他很禮遇，這次他聽說魏元忠遭陷，也上疏說：「陛下革命之初，人都認為是納諫之王；暮年以來，人都認為是受佞之主。自從最近魏元忠下獄，街上的百姓又開始說話了，他們認為陛下委信奸佞，斥逐賢良，忠臣烈士也都撫著肚皮在家裡不管事，閉著嘴巴上朝，這是怕違悖陛下呀！今天賦役繁重，百姓凋弊，特別是讓諂諛小人專恣，刑賞失當，恐怕會造成人心不安，別生變亂，到時陛下怎麼防禦啊？」女皇心下稍平。

張易之等見奏大怒，想勸女皇殺了這個多話的小民，女皇不聽。不過，她發現魏元忠在朝中影響太大，很受擁護，才幹驚人。這人又太容易衝動，萬一有變心，留在朝中恐怕會不安寧，如與人聯結會釀成大事，對自己不利。於是仍把他貶到廣東當一個小縣尉。

魏元忠來向女皇辭行，對女皇說：「臣已老了，今到嶺南，恐怕回不來了，陛下將來會有思念臣的時候的。」

女皇問：「為什麼呢？」

當時張易之、張昌宗皆侍在旁，魏元忠指著他們說：「此二個小兒，終究會成為禍亂的根源。」張易之等聽了，怕得要死，粉臉失色，趕緊下殿叩頭，捶胸頓首，連稱冤枉。女皇卻沒想這事，她在想，這兩個小兒能成什麼禍患啊！只不過陪我笑樂而已。她所不安的是，為了杜絕禍亂，她不得不拋棄這麼一位能幹而又有威信的大臣。

魏元忠離京時，太子僕（掌管太子車輿、乘騎、儀仗的官）崔貞慎等八人為他在郊外餞行。張易之、張昌宗一直關注著魏元忠的行蹤，試圖找出破綻進一步加以陷害，聽說此事，便用「柴明」這個假名投信到告密箱，說崔貞慎等人與魏元忠謀反。武則天見信後讓監察御史馬懷素去進行調查。女皇從太子與魏元忠的這種生離死別中，似乎覺察到她對魏元忠有某種圖謀的料想並不完全是捕風捉影，因此又想查個水落石出。

馬懷素很快審出了結果：崔貞愼等人只是送行，並無謀反行爲。他向女皇提出讓「柴明」這個人出來對質。女皇說：「我也不知道柴明何處人氏，你就根據告密信說的審訊吧！不一定非要把告密者弄來才能結案。」馬懷素便將審訊的實情上報。武則天聽了發怒說：「你想縱容謀反的人啊？」馬懷素答道：「臣不敢縱容謀反的人。魏元忠作爲宰相被貶官，崔貞愼作爲故舊好友前去相送，如果誣以爲反，臣實不敢。以前西漢時彭越犯了罪，欒布上奏請赦免彭越，漢高祖不以爲有罪。況且魏元忠之刑不如彭越之重，而陛下卻想殺送他的人嗎？陛下掌握著生殺大權，欲加之罪，陛下可以自己決斷，但讓臣審理，臣不敢不據實相告。」女皇的口氣緩和地說：「那麼，你想一點也不治罪嗎？」馬懷素說：「臣愚昧無知，看不出他們有罪。」女皇見他理直氣壯，對答如流，也就不再追問。

但是對名震朝野的直臣魏元忠，武則天仍未能消除疑慮。爲了防患於未然，她寧願把這件違心的事做到底。

大臣的威嚴

由於張易之兄弟侍奉在女皇身邊，乘女皇有病居中用事，大臣們與二張的矛盾逐步激化。同時，大臣中以張柬之爲首的一幫人已在暗中圖謀乘女皇年邁，擁立太子上臺，恢復唐室，逼女皇退位。只是女皇雖已年近八十，但威儀尙存，衆人還不敢明目張膽地進行策劃。不過，他們反對皇上身邊的二張卻很激烈。

宋璟，刑州南和（今河北南和縣）人，爲人耿直，有經國之才，少年好學，舉進士第。初爲上黨尉，遷監察御史、鳳閣舍人。居官正直清廉，女皇很看重，尋遷左臺御史中丞。他對二張兄弟也很看不慣。有一天，女皇命朝貴宴集，張易之兄弟按官位座次編在宋璟之上。張易之兄弟素來畏懼宋璟，想使他高興，就空出自己的位置，拱手揖讓道：「此乃是當今第一人，怎麼可以坐在下面呢？」宋璟調侃道：「我才劣位卑，張卿以爲第一，爲何呀？」天官侍郎鄭杲忙對宋璟說：「中丞奈何稱五郎爲卿呢？」宋璟諷刺鄭杲、也兼表對二張的蔑視說道：「拿官來說，正應該稱卿，而只有門生家奴才呼其主人爲郎。你不是張家的家奴，爲什麼稱他爲郎呢？」在場的人都大驚失色。當時武三思以下的，無不謹侍易之兄弟，就是宰相楊再思及韋嗣立兄弟也奉承二張。而宋璟卻唯獨對他們不禮貌。二張非常惱怒，一直在女皇面前中傷他。但女皇知道宋璟的爲人，不爲所動。宋璟始終沒有受到傷害。

宰相楊再思也是女皇一手提拔上來的，他爲人較圓猾，專以諂媚取容，當時司禮少卿、張易之的兄長張同休嘗召公卿宴集，在宴席上，公卿戲弄楊再思說：「楊內史面似高麗人。」楊再思竟不以爲恥，反高興地用紙剪了一個帽子，反穿紫袍，跳高麗舞，舉座爲之哄笑。宴席上，有人稱讚張昌宗很美，說：「六郎面若蓮花。」楊再思說：「不對。」張昌宗問爲什麼不對，他說：「不是六郎似蓮花，而是蓮花似六郎耳。」長安四年的七月，司禮少卿張同休、汴州刺史張昌期、尙方少監張昌儀都因貪贓非下獄，這些張氏兄弟所以胡作非爲，乃是倚仗張易之、張昌宗的勢焰。因此有人也告二張作威作福，應該一同問罪。女皇不願背枉法之名，命讓他倆一同受審，但內心又還想保全。司刑卿賈敬言上奏說：「張昌宗強買民田，應令徵銅二十斤。」女皇答覆說：「可以。」御史中丞桓彥範上奏說：「張同休兄弟貪贓共有四千餘緡，張昌宗按法律應株連免官。」張昌宗奏說：「臣有功於國，所犯之罪不至免官。」女皇問各位宰相：「昌宗有功嗎？」楊再思說：「張昌宗等煉合神藥，聖躬服後有靈驗，此乃莫大之功。」女皇高興了，命赦昌宗罪，恢復其官職。張同休貶爲岐山（今陝西省岐山）丞，張昌儀貶爲博望丞。

從這年的最後幾個月起，女皇病不能起，一直住在長生院（即長生殿），當時眾宰相都見不到女皇，只有二張侍在寢側。病稍癒，宰相崔玄暐對女皇說：「皇太子是有孝心的，是可以服侍陛下湯藥的。宮禁重地，請陛下千萬不要讓異姓的人出入。」女皇說道：「感謝卿的好意。」大臣們都知道皇上已病不輕，年已老邁，難有回轉的機會，一般應以太子及其他皇子侍側，大臣視疾，以免不測，可以順利交接政權。如只有近幸在旁，容易造成假造聖旨的情況發生，可能別生變異，釀成大禍。尤其事關恢復大唐的圖謀，一些大臣更是很重視這種安排。

二張看朝中情形對他們很不利，女皇又病重，他們將無所倚靠，非常擔憂自己的命運，便悄悄和同黨聯繫，準備利用侍候女皇的機會謀亂，他們的行蹤大臣們也很關注，因此此事很快被察覺，街上出現招貼榜文稱「易之兄弟謀反」。女皇不信，所以並不問罪。

這年十二月底，許州人楊元嗣上書，報告說：「張昌宗曾招引術士李弘泰爲他看相。李弘泰說張昌宗有天子相，並勸說如果在定州建造一座佛寺，就會天下歸心，可以成事。」女皇聽了就命韋承慶及司刑卿崔神慶、御史中丞宋璟審問張昌宗。

韋承慶一貫與二張友善，上奏說：「張昌宗聲稱：『李弘泰所說的話，我馬上就奏報了皇上。』因此，依照法律赦免自首者，而李弘泰以妖言惑眾，應依法處置。」

宋璟立即上奏表示不同意，說：「張昌宗寵榮如此，今召術士相命，其意圖還不明顯嗎？李弘泰說張昌宗有天子相，張昌宗怎麼先不以妖言而將他執送法庭！雖然他自稱給皇上說了此事，但他包藏禍心，按法律應該處斬破家，請收付法司，窮治其罪！」

女皇不忍加罪張昌宗，又反駁不了宋璟，好久說不出話來。宋璟又說：「倘若不收繫獄中，恐怕會動搖人心。」女皇說：「你先暫停審訊，先把文狀看清楚再說吧。」宋璟才退。

女皇這時還想保住二張，就使用起小聰明來。她下詔讓宋璟去審理幽州都督貪污案，接著又下詔讓他同宰相李嶠去安撫隴、蜀。宋璟不肯出行，到女皇那兒說：「按慣例，州縣官有罪，官階高則由侍御史去，官階低的則派監察御史前往調查，我是御史中丞，是監察軍國大事才出使的，現在隴、蜀之地並無變異，不知陛下為什麼要派臣出使這些地方呢？所以臣都不敢奉詔！」

其他大臣也抓住二張的這根辮子死死不放。桓彥範就上疏說：「張昌宗無功蒙寵，而包藏禍心，自招其咎，此乃皇天降怒。陛下如不忍加誅，則社稷亡矣。」崔玄暐也屢屢進言應依法處置。女皇沒法，只得讓法司議其罪，有司奏應處死。宋璟乃勸女皇將昌宗下獄。

女皇還想保全，就對宋璟說：「昌宗已事先向我說了這件事啊！」宋璟說：「昌宗是被密信所逼才自陳的。且謀反之罪，自首了也不能赦免。若昌宗不伏大刑，還要國法何用！」女皇低聲向宋璟求情說：「你就看在我的面子上饒恕他這一次吧！」宋璟卻厲聲說：「昌宗分外承恩，臣知言出禍從，但義激於心，雖死不恨！」

楊再思怕他惹女皇怒，忙宣敕令要他出來。宋璟瞪眼看著楊再思說：「聖主在此，不勞宰相擅宣敕命。」女皇鬥不過，只得準其奏，讓二張赴御史臺受審。

在御史臺，御史中丞宋璟在庭中正站著審理張昌宗、張易之兄弟，可還未審完，女皇派遣的使者來了，他宣讀了武則天的敕旨，命特赦張氏兄弟。宋璟氣得敲著自己的額角，嘆息說：「我沒有先擊破這小子的腦袋，眞要悔恨終生了！」女皇又叫張昌宗到宋璟家謝罪，宋璟也拒不接見。張昌宗之事因女皇的寵愛終於沒有加罪。

就在這年年底，武則天聽從大臣們的多次建議，命將以前周興等酷吏所彈劾家破人亡的案件，涉案人員不問有罪無罪，一概赦免。酷吏所興大獄至此翻案昭雪完畢。

武則天領教了她任用的大臣們的厲害，但她認爲這些人忠心耿直，竟沒有絲毫惱怒加罪。也許她認爲，這些人輔佐自己的兒子是最好不過的了。但要殺近十年來侍候在自己身邊的張易之兩兄弟，女皇是不忍心的。她也知道，這兩兄弟遭大臣忌恨，全是自己追求晚年快樂而寵愛他們所造成的，只是大臣們不好勸諫她而歸罪於二張而已。大臣們沒有什麼不對，二張也沒有錯。

陰謀與陽謀

武則天要求她的大臣對她忠心耿耿，敢於當面提意見。她最恨的就是那種陽奉陰違，背地搗亂的人。

在酷吏横行的最黑暗的年月，人人自危。當時陳子昂這個小小的九品文官卻敢於上疏勸諫武則天，他的奏文說：「今有關官員爲徐敬業叛亂之事，追查黨羽，使陛下大開詔獄，重設嚴刑。有此奸詐之人，互相引告，莫不窮捕考察，乘機誣告，希圖爵賞，失去了抓捕罪犯原意。現徐敬業叛亂已平定，百姓思安很久了，正因爲如此，揚州之亂幾個月就平定了，以後沒有人再敢造反。陛下不用休養生息的辦法以救疲乏的老百姓，卻反而任意使用威刑，這要失去民心的。伏見諸方告密，囚禁上百上千的人，而窮究起來，百人中無一例是屬實的。」他還寫道：「夫大獄一起，不能保證沒有濫刑，受冤者吁嘆，感傷和氣，天下就會生禍亂之心。」因此，陳子昂要求武則天能明辟減刑。此刻，這些話武則天顯然是聽不進去，因為她現在正需要刑罰來鎮服反對者。不過，武則天對忠言還是容忍的，並沒有責備陳子昂。

但是，劉禕之的命運就不一樣了。

武則天當了太后仍然把持朝政，宰相劉禕之對此很不滿，他私下對鳳閣舍人賈大隱說：「太后既然廢昏君而立明主，就不必再臨朝稱制了。不如把政權交給皇帝，以安天下之心。」賈大隱立即將劉禕之的話密報給武則天。武則天聽了很不高興，對身邊的大臣們說：「劉禕之是我從北門學士中一手提拔起來的，如今他卻背叛我！」她認為，當面向她勸諫，是忠心的表現，她能夠容忍；但在背後議論，做小動作，則是一種背叛，她是不會原諒的。

就在這時，大臣中又有人告狀說劉禕之曾受地方官的賄賂，還有人說他與許敬宗的小老婆私通。武則天就派肅州刺史王本立審訊這件事。王本立把武則天的詔敕給劉禕之看，劉禕之竟然很傲慢地說：「沒有經過鳳閣鸞臺的討論，怎麼可以稱爲詔敕呢！」王本立把這話上奏武則天，武則天大怒，認爲他竟敢如此輕視她，抗拒制使（即宣讀詔令的欽差大臣），遂下令賜劉禕之在家自盡。劉禕之，常州晉陵（治所在今江蘇常州市）人，父仕於貞觀朝，任著作郎，弘文館直學知名。時人號爲「劉、孟、高、郭」。後在昭文館爲館直學士。上元年間再遷左史、弘文館直學士，與著作郎元萬頃、高智周、郭正一等被召入禁宮著書，時人稱爲「北門學士」。儀鳳二年轉朝議大夫、中書侍郎、兼豫王府司馬。其姊爲宮中女官，武則天派她省視榮國夫人疾病，劉禕之偷偷跑去偷窺榮國夫人，被貶。幾年後，武則天上表請高宗召還，拜中書舍人。又很快遷爲相王府司馬、校檢中書侍郎。武則天臨朝，把他視爲親信重用，提拔他爲宰相。當時司門員外郎房先敏被貶，到宰相處陳訴其情，騫味道把責任推給武則天，劉禕之卻認爲是自己的錯。武則天認爲劉禕之爲人忠心耿耿，愈加看重，加授太中大夫，賜百匹緞綢、好馬一匹。

劉禕之在背後議論武則天，武則天是很不高興的，也是出乎意料的，她愛劉禕之的才德，派人審訊他，只不過是想嚇嚇他一下，最多貶他的官。所以並不想把他整得太狠。沒想到劉禕之在骨子裡同其他人一樣輕視她、反對她。這對武則天的打擊一定相當大。別人不瞭解她、理解她、擁護她，她還沒有這樣傷心。特別是睿宗爲劉禕之上疏申理求情，她更震驚。聯想到劉禕之是睿宗的老師和親信，她覺得劉禕之在背後搞鬼。這使武則天下定決心，不惜賜他於死。

對於當面的勸諫，武則天還是能容忍的。如果劉禕之當面說那些話，她不會發那麼大脾氣，也不曾思慮這樣深。武則天推重白馬寺主持薛懷義，說他善於營建宮室和其他工藝，讓他出入宮中。大臣們多不理解，憑著男人特有的猜度，即認爲武則天有穢亂宮闈的行爲。補闕王求禮上表說：「太宗之時，有個叫羅黑黑的人善彈琵琶，太宗給他去勢爲太監，讓他教導宮人。陛下若以爲薛懷義有巧性，想在宮中驅使，臣請將他也閹了，以免穢亂宮闈。」武則天對這樣的話竟然不發怒治罪。她的忠義觀就是這樣的奇特。這是當時傳統道德倫理觀念對女人輕視、反對女人執政的這個時代環境所逼出來的一個奇特的忠誠觀。

忠臣治國

歷朝歷代忠臣和奸臣都是並存的。對於忠和奸的判斷，各有各的標準。商朝的大臣比干，後世稱為忠臣的楷模，可是紂王卻認為他不忠於朝廷，將他剖腹挖肝；宋朝的秦檜，人們都說他是最大的奸臣，可是宋高宗卻對他信任備至，稱讚他為「佳士」，還說：「秦檜忠樸過人，得到他我高興得睡不著覺。」並拜為宰相。在歷史上，以忠為奸，或以奸為忠的帝王並不少見。與此相比，武則天對忠奸的區別是很清楚的，可以稱得上是一位明君。

她在《臣軌．至忠章》中說：「自古以來，忠臣侍奉君主，盡心盡力，他憑自己的才能獲得官位和俸祿。不當面說國家的事，只要知道，就盡力去做。對上能夠維護君主的威信和國家的安定，對下可以使百姓安居樂業，對內能糾正君主的過失，正直無邪，大公無私，正義的事想方設法去做，有賢才就大力推薦，只要對國家和百姓有利，盡心竭力而不求回報，取得了功勞也不求賞賜。」

武則天的標準近乎苛刻，但是她必須這樣要求他的群臣。因爲她十分清楚，任用一些心術不正、德行欠佳、唯利是圖的人，也許可以做一些事情，但要成就一番事業，則必須有一批直正的忠良，尤其是需要周公、管仲、魏徵這樣的大忠大賢之臣。

重用能人

武則天暮年，精神減損，但在用人方面一直很清醒。

唐朝的朝廷中樞大臣的設置，本就起著一種互相牽制的作用，用以提高皇帝的權威。武則天時更擴大宰相隊伍，不僅用同中書門下三品這樣的方式來擴大宰相群，而且還以低品和資歷不夠的人以同平章事的頭銜來加入宰相行列。這樣，武則天既可以不將全部的權力交付給元老重臣，使權力分散，又可以培養宰相之才，提拔任用。這是她在一批宰相被清除，另一批宰相又興起，即使在大殺之時，朝政仍得以正常運作的根本原因。

在武則天暮年的權力中樞中，仍是這麼一種互相制衡的群體。這其中，吉頊是她的心腹，對她絕對忠心，又有謀略才幹，出入內宮，起監視作用。武姓侄兒在中樞裡，得預朝政，可以迫制諸宰相，既維護大周朝這一個名號，但又不使武氏侄兒任意妄爲。婁師德爲人穩重，有豐富的治軍、屯田經驗，委以隴右諸軍大使的身分，足可抵禦強大的吐蕃，不管山東河北凶險有多大，始終沒有挪動婁師德的位置。陸元方不親細務，大事不糊塗。王及善學問不及其他宰相，但有實際才幹，爲人清正難奪，有大臣之節，姚元崇頭腦清晰，辦事周密，是難得的和平宰相之才。蘇味道滑馴，不講原則，不足以定大事，但這位人稱「蘇模棱」的宰相卻有處理朝政的經驗。在這些人中，武則天特別敬重的大臣是婁師德、狄仁傑等人。

婁師德是一個奇才，文武兼備，但個性很特別。他是鄭州人，年及弱冠就舉進士第，授江都縣尉。上元初年，補監察御史。當時吐蕃攻擾，婁師德竟應猛士詔棄筆從軍，唐軍大敗後，他竟收攏散卒，堅守禦敵，屢立戰功，被提拔爲殿中侍御史兼河源軍司馬，並知營田事，他是如同裴行儉、劉仁軌一樣的少有的文武全才，既任文職、又任武職、還管經濟，這也是少有的。天授初年，武則天提拔他爲左金吾將軍、兼豐州都督，仍依舊知營田事，還給他寫信慰勞他說：「愛卿素積忠勤，兼懷武略，朕所以才把重要的戰略要地交給你防守，給你兵權。你自從受委北部邊陲，總司軍、政、營田，幹得很出色，尤其是供給方面，不要京師一粒糧食，不勞運費人力，兩軍之兵和北鎮之兵數年賴營田支給，眞了不起。我欣悅良深，特意寫這封信以示慰勞之意。」長壽元年，武則天又召婁師德回神都，任爲夏官侍郎、判尚書之事。次年，提拔爲同鳳閣鸞臺平章事，以宰相職務兼管河源、積石、懷遠等軍，及北邊河州、蘭州、鄯州、廓州四州檢校營田大使。武則天對他說：「這事還得你去做，請你不辭辛苦啊！」

這麼一個全才，性格卻很溫和，器量寬厚，從不與同事爭較。狄仁傑數遭貶斥，但走到哪裡就在哪裡留下善政名聲，武則天愛才，又一再起用他，並感嘆婁師德知人。一次，武則天問狄仁傑說：「婁師德這個人有賢德吧？」狄仁傑答道：「他作爲將軍能夠謹守邊疆，賢德方面我就不知道了。」武則天又問道：「婁師德能知人嗎？」狄仁傑說：「我和他曾經共過事，未曾聽說他知人。」武則天這才告訴他說：「我能知道你的才幹並且任用你，就是婁師德推薦的。這也可以算是知人吧？」狄仁傑聽了，很羞愧，嘆息說：「婁公盛德，我蒙他包容很久了，我竟不知道，眞對不起他。」

婁師德人長得很胖，與李昭德入朝，這兩個宰相應該並排走，但婁師德走不動，昭德不知不覺走上前了，發覺婁公未上來，只得站住等他，如此數次，李昭德免不了罵婁師德道：「你這個田舍夫（鄉巴佬）！」婁師德聽了，不怒反笑。道：「我婁師德不當田舍夫，誰當呢？」

與溫文大度的婁師德相反，李昭德性情比較急躁，嫉惡如仇，而且敢於直諫，武則天十分看重他。武則天曾經讓李昭德親自審理酷吏侯思止私畜錦帛的事，李昭德藉機將侯思止杖斃在朝堂上，一時大快人心。李昭德對諂諛之人很痛恨，常在武則天面前揭穿他們。武則天好祥瑞，喜歡奉承，一天，有人向她獻上有赤色文字的白石一塊，稱爲祥瑞。百官問這塊石頭有什麼特異之處，執獻著說：「此石赤心。」李昭德大怒說：「此石赤心，其他石頭都想造反嗎？」說得百官當堂大笑，武則天也不好意思。又有襄州人胡慶獻一隻烏龜，上用丹漆寫上「天子萬萬年」，到宮廷來獻。李昭德用刀刮盡其字，說：「這是騙皇上啊！請依法處置。」武則天說：「此人也無惡心，放了吧！」那人抱頭鼠竄而去。

李昭德這個急脾氣的人，則吃了自己的虧。他直言於上，但卻擅威福於下，使許多中下層官員對他很不滿。功曹參軍丘愔上奏說道：「陛下天授以前，萬機獨斷。自長壽以來，委任昭德，參奉機密，進言可否。誰知他處理許多事都是在議論的時候不參加，等到要畫上日期上送時，他又別生駁議，以此來表現自己，將美善歸於己，將過失推給別人，這不是義的表現。」又說：「臣觀他的膽子，比他的身體還大，鼻孔裡出來的氣，向上可沖到雲霄上去，如此專擅威福是不好的。蟻穴能沖潰堤壩，針孔能洩掉氣體，等他權重時再要除掉他，恐怕就難了。」另一位叫鄧注的小官，還寫了數篇千言的書《石論》，專門描述李昭德專權的情況。武則天不久即貶逐了李昭德。武則天對內史姚璹說：「昭德身為內史，備極殊榮，如果是實情，就太辜負國家了。」武則天雖貶斥他，猶相當不捨，不久很快又召回任監察御史。

武則天重用能人當宰相，這是她知人的英明之處，即使在非常時期，她也能做到這一點。對真正有德有才的人，她很少濫殺，一般採取保護的政策。她也任用不少小人，使小人得逞其志，但她也能清醒防備。她駕馭眾臣，始終處於積極主動的地位，手段上也極其靈活。這是符合武則天個性的用人之道。

國老狄仁傑

女皇用殘酷的手段將唐室老臣誅殺殆盡，但受重用者也確有人在，被女皇尊稱為「國老」的狄仁傑便是一例。

狄仁傑的家鄉在并州太原，他的祖父狄孝緒貞觀中當過尚書左丞，父親知遜曾任夔州長史。狄仁傑生於隋大業三年（公元六〇七年），比女皇大十七歲。武則天即位之前，狄仁傑曾擔任過并州都督府法曹、大理丞、侍御史、寧州和豫州刺史等職。武則天即位初年，他任地官侍郎同鳳閣鸞臺平章事，後為來俊臣誣諂下獄，貶彭澤縣令，神功元年（六九七年）復相，狄仁傑一生政績卓著，是則天朝赫赫有名的宰相。

狄仁傑做大理丞時，到任一年即處理了一萬七千個遺留案件，無一人訟冤，因為處斷明達而聞名，後來又調到寧州做刺史，因其治理有方，深得當地各族百姓擁護，甚至刻石立碑爲他歌功頌德。這個情況被前來隴東各地視察的御史郭翰得知，上奏武則天，武則天大爲賞識，提升他爲江南巡撫使。

狄仁傑是在天授二年出任宰相的。武則天召見他時，對他說：「你在汝南的善政，朝中大臣很欽佩。但也有人說壞話，如果想知道此人是誰，可以告訴你。」武則天對狄仁傑講這番話的時候，是出於對他的高度信任，但意想不到的是，狄仁傑根本不感恩戴德，也不要求追查講他壞話的人。他說：「陛下如認爲我有過錯，我當努力改正！如蒙陛下明言，當是我的萬幸。但我並不想知道這個人的姓名。不知道比知道要好些，這樣可以和那人正常處事。」武則天以爲狄仁傑不記私仇，胸懷坦蕩，實屬難得，所以對他更加重用。

萬歲通天年間（六九六至六九七年），契丹軍攻陷冀州，河北百姓驚恐不安，武則天特派狄仁傑到魏州做刺史。前任刺史獨孤思莊是一個怯懦的人，他擔心敵人會突然兵臨城下，把附近的所有百姓都趕到城中修繕守具，準備守城。狄仁傑到魏州後，卻讓百姓們都回鄉生產，對他們說：「敵人離這裡還遠著呢，何必如此驚慌？萬一敵人來了，我親自領兵去抵抗，無需煩擾大家。」契丹軍聞知，不戰而退。百姓們都佩服狄仁傑的膽略，立碑記載他的恩惠。

聖曆（六九三至六九九年）初年，突厥進犯趙州、定州等地，武則天任命狄仁傑爲河北道安元帥，率兵打退了突厥貴族的軍隊。接著，又任命狄仁傑爲河北道安撫大使。當時，河北道百姓由於受突厥的脅迫，很多人都曾給突厥服過役，突厥退去後，他們害怕朝廷問罪，不少人逃到外地藏了起來。

狄仁傑看到這種情況，向武則天上了一道奏疏，說：「聽說朝廷的一些大臣怪罪被突厥、契丹所脅迫的人們，打算統統殺掉，這樣做是很不得民心的。東漢末董卓作亂被殺後，部屬都未能赦免，竟至釀成大亂，京師化爲廢墟。臣每讀此書，無不掩卷嘆息。現在負罪的人，必然不在家中，或草行露宿，或潛竄山澤。如能寬大處理，定會出走歸順；如不寬大，必然激成禍亂。人主恢弘大度，不必拘泥常法，願陛下赦免河北諸州臣民，不再追問，准其回鄉生產。」狄仁傑的上疏得到了武則天的批准。

狄仁傑生活儉樸，並以知賢舉能著稱。他所薦舉的人做公卿的有好幾十人。武則天曾問過狄仁傑：「我想找一個賢能之人，有嗎？」狄仁傑問要她做什麼，武則天回答說要讓他做大將、宰相。狄仁傑道：「陛下要用長於寫作者，則現在的宰相李嶠、蘇味道即可。難道嫌這些人太拘謹，想要得到一個更出色的人，將國家大事辦得更好嗎？」

狄仁傑的話說到武則天的心坎上，她點頭一笑，說：「這正是我的心意。」狄仁傑於是向武則天推薦張柬之。他帶著很欽佩的心情介紹說，現任荊州長史的張柬之人雖老了些，但確爲宰相之才。他長期以來不得重用，有志難伸，若使用他，定能爲國盡忠。武則天聽了狄仁傑的話，很快將張柬之提拔爲洛州司馬。過了些日子，武則天又向狄仁傑求賢。狄仁傑道：「臣上次舉薦的張柬之，陛下還未重用呢！」武則天說：「不是已經升遷了嗎？」狄仁傑道：「臣舉薦他是當宰相。現在不過是一個洛州司馬，還沒有眞正派上用場。」武則天又接受了狄仁傑的建議，將張柬之提升爲秋官侍郎，不久又讓他當了宰相。張柬之果然名副其實，很有作爲。

狄仁傑一心舉薦人才，使武則天多得其助。不過，有一天卻頗意外。那是在一天早朝之上。武則天讓宰相各薦尙書郎一人。當問到狄仁傑的時候，狄仁傑說他的兒子光嗣可任此職。此語一出，引起群臣大嘩，認爲狄仁傑說話太欠考慮。武則天先是震驚，繼而喜上眉梢：「祁奚內舉，果得人也！」

祁奚，春秋時晉國人，任中軍尉。因其年老，要求退休。晉悼公問他：「誰接替你的職位呢？」祁奚推薦他的仇敵解孤，解孤即將就任時病故，祁奚又舉薦自己的兒子祈午。這時副中軍尉羊舌職死了，晉悼公又問祁奚誰可代替羊舌職，祁奚回答：「羊舌職的兒子羊舌赤可以。」這樣，祈午任了中軍尉，羊舌赤任了副中軍尉。祁奚不避嫌疑，「內舉不避親，外舉不避仇」，在歷史上留下美名。武則天將狄仁傑與祁奚相提並論，表明了她對唯才是舉不避嫌疑的精神的提倡，也說明了她對狄仁傑的重視。

武則天也很尊重狄仁傑的意見。一次，武則天想造一大佛像，預計用費幾百萬錢，因政府財力不足，準備讓僧尼每人每天出一個銅錢，幫助建造。狄仁傑上書進諫說：「臣聽說，治理國家之要，應先辦好百姓的事，現在的佛寺，建築華美，窮極奢華，費用巨大，有的竟超過宮室。鬼神不能建造，只能依賴人工；物質不會天降，只能憑仗土地上出產，不由百姓負擔還有什麼人呢？百姓們本來就難得溫飽，徭役很多，僧尼們還要透過各種渠道勒索百姓，百姓不得不放棄生產，削髮去做僧尼。現在僧人與日俱增，已是多達幾萬人，而人事生產者卻日漸減少，百姓負擔越來越重，臣每當想起此事，心裡就憂慮不安。近年來邊境不安定、水旱災害頻仍，再大興土木，建造佛像，百姓將更加不堪。陛下功德無量，何必因營造大像，落個煩勞百姓的名聲呢？雖然令僧人出錢，也未必聚斂許多。佛教是以慈悲爲懷的，陛下更應節省人力、物力，請下詔停止此役。」這一諫奏，得到了武則天的應允，建造佛像事作罷。

武則天對狄仁傑在政治上重用，生活上也很關心。一日，狄仁傑陪女皇到郊外遊覽，偶遇大風，頭巾被吹掉，坐騎也受了驚，狂奔不止。女皇看在眼裏，趕緊命太子拾起仁傑的頭巾，勒住驚馬，直到把頭巾給仁傑戴上，才算放了心。

聖曆三年（七〇〇年）時，女皇特別恩賜給狄仁傑一處很好的住宅，使滿朝文武百官爲之眼熱。武則天還親製袍子賜給狄仁傑：「敷政術，守清勤，升顯位，勵相臣。」平日，女皇對狄仁傑總是以「國老」相稱，這在唐廷中也是絕無僅有的。狄仁傑因年老體弱，多次提出告老還鄉，女皇都不答應。仁傑上朝，女皇不讓他下拜，說：「每見『國老』下拜，朕都頗覺不安。」為照顧他的身體，女皇還取消了狄仁傑夜裡值班的任務，並囑咐他的同僚，如非大事，不要去麻煩他。狄仁傑去世後，女皇痛哭流涕，說：「『國老』一去世，我總好像感到殿堂空了一般！」以後，每遇朝廷大事，眾臣不能決斷時，女皇總是唉聲嘆氣地說：「老天不長眼，過早地奪去了我的『國老』啊！」

女皇與「國老」的關係頗似當年太宗皇帝與魏徵的關係。女皇的業績雖然稍遜於太宗，但她在信任老臣這一點上卻大有太宗遺風。

京官下派

女皇也十分重視對地方官的選擇任用。地方官為親民之官，事關武氏統治的基礎，這一點，女皇是深深認識到的。她多次和大臣們討論刺史、縣令的事。

一天，宰相李嶠、唐休璟向女皇說：「都是因為我們做宰相的沒把政事辦好，才使戰爭沒能止息，百姓生活困苦，國庫也很空虛，還有一些官吏貪贓枉法，致使陛下常臨朝興嘆，為國事擔憂，我們心裡也很慚愧，但不知怎麼辦才好。我們也曾在一起議論過，以爲當今頭等大事，是富國安民，爲此，必須選擇和任用好的地方官。可是，臣見朝廷議事多重內官，輕外職，每次任用地方官，誰都不願前往就任。近年所任外官，多是有罪被貶之人，現在風俗不純，都是因爲外官不得力。希望陛下在朝內百官之中，認眞挑選有能力的人，前往大州任長官，以便把地方的吏治搞好，實現國富民安的大計。臣等請求停止內侍，帶頭去外地任職。」

李嶠、唐休璟都是女皇信任的宰相，他們的話引起了女皇的深思。她油然記起當年太宗皇帝把刺史、縣令的名字寫在屏風上，坐臥常看的情景，越發感到選擇地方官的重要，但她卻不忍將這兩個身居要職的官員派到外地去。

女皇正在猶豫，鳳閣舍人韋嗣立主動請求前往。這韋嗣立是宰相韋思謙之子，幼年好學，頗有文才，中進士。他先是做雙流縣令，在蜀地的地方官中較爲突出。繼而入京爲內官，此時爲鳳閣舍人。

女皇覺得韋嗣立是一個理想的人選，又見他主動請求去地方，很滿意，遂令韋嗣立以本官到汴州去任刺史。女皇還讓李嶠、唐休璟薦報可以出任外官的姓名，得二十餘人。後來政績卓著者有常州刺史薛謙光、徐州刺史司馬鍠等。

裴懷古也是一個比較有名的地方官。長壽年間（六九二至六九四年），姚州、嶲州的少數民族首領發生反叛，武則天派監察御史裴懷古前去招撫。裴懷古到了姚、嶲二州，宣布法紀，申明賞罰，對參加反叛的人區別對待，結果每天都有許多被脅迫反叛的人前來歸附。裴懷古只把叛首押回洛陽，其餘准其還鄉，當地百姓感激涕零，立碑以頌功德。

長安三年（七〇三年），始安（廣西省桂林市）獠族歐陽倩率眾數萬，攻打州縣，朝廷命裴懷古任桂州都督，前去鎮撫。裴懷古在前往桂州的路上，派人給歐陽倩送去書信，申明利害，規勸降服，使歐陽倩終於率眾歸降。並說，他們是受地方官欺壓，無法生活才不得不起事的。裴懷古見其話出自眞心，親自前去撫慰。反叛者交出所掠財物，表示願意悔過自新。從此，嶺南得以平定。這件事對武則天教育很大，使她認識到，壞的地方官可以逼民造反，好的地方官可使反叛者歸順，可見，地方官的任用何其重要。

一天，武則天把擔任起草詔書工作的崔神慶叫到面前來：「并州是我的故鄉，北方的要地，駐有重兵，需要一個很有能力的人前去做長史。我反覆考慮，沒有人能勝過你，我決定派你前去。」說罷，又拿出一張并州的地圖，同崔神慶一起看，商量治理并州的大政方針，還親自爲崔神慶選擇動身的日子。

崔神慶到并州後，一個富豪假造詔書，說要取締舊幣，改用新錢，使市場上糧價飛漲，百姓們很是不安。崔神慶立即上奏武則天，認爲這樣做不利於國計民生，因此才發現詔書是假的。武則天覺得崔神慶有膽有識，下令予以褒獎。

則天朝出色的地方官還可舉出幾位：

薛季昶

薛季昶，絳州龍門人，則天即位時，薛季昶還是個普通百姓。只因他上了一道很好的奏章，受到武則天的稱讚，破格提拔爲監察御史。萬歲通天元年（六九六年），武則天派侯味虛統率軍隊去打契丹，戰爭很不順利，侯味虛怕受處分，上奏女皇，說敵人聲勢很大，交戰時常有蛇虎給他們打頭陣，以此推卸責任。爲弄清眞僞，武則天派薛季昶任河北道按察史前去查看。薛季昶一到軍中，立即砍了侯味虛的頭，然後上表揭發了侯味虛畏敵欺君之罪。

那時，河北一帶有個縣尉，叫吳澤，貪污殘暴，縱橫不法，曾殺死驛站使者，還截斷百姓子女的頭髮來做假髮，州中長官對吳澤毫無辦法，任其橫行。薛季昶一到河北，就把吳澤擒獲，亂棍打死，為民除了一害。同時，薛季昶又對一些政績較好的官吏給予不同的獎勵，使河北吏治大為改觀。因此，以後哪裡難治理，武則天就派薛季昶前去。薛季昶先後做過雍、魏、陝、洛各州的長史，都做出很好的成績，為當時人所稱道。

姚璹

還有個姚璹，神功元年（六九七年）任益州大都督府長史。當地官吏多數都貪污殘暴，人民敢怒不敢言。姚璹到任後對他們一個個進行了檢舉懲辦，使歪風得到糾正。武則天知道後，下詔表揚他說：「只有在嚴冬才知道松柏後凋，只有在狂風怒吼時，才能看出勁草的堅強，人也是如此。你長期為國效力，在朝中為相，功績顯著；在邊地帶兵嘔心瀝血。我早知蜀地風俗敗壞，但苦於無人治理。你沒有辜負我的期望，到任不久，蜀地風氣就發生巨大變化，每想到此，我就感到極大歡悅和安慰。現在我準備把你的功績宣布於眾，讓大家都來效法。」武則天還意味深長地對侍臣們說：「一個長官如能潔身自愛，廉潔奉公，還比較容易，如能使下面的僚屬都能保持廉潔的美德，那就難以做到了。只有姚璹兩方面都做得到，值得大家效法。」

武則天既重視京官，又不忽略地官，使中央和地方聯成一氣，加強了自己的統治。這是她高明於其他帝王之處。

女皇的心願

武則天暮年的內心矛盾衝突特別激烈，在立繼承人的問題上的予盾尤爲突出。武則天以自己的精明強幹駕馭群臣，憑著自己堅強的意志克服重重困難和觀念上的束縛，去實現了她的理想。這個理想就是當一個歷史上所沒有過的女皇帝。她不僅要證明女人能當皇帝，以自己的姓氏和名字創下自己的事業，留芳千古。而且還要證明，她能以自己的才能成爲一個超過前代任何皇帝的開國之君。但這種理想的產生和實現的時間太晚了，她當皇帝時已經六十六歲。作爲一個政治家，也許這正是磨練得最成熟、最老練的時候，但從一個人的生命周期來說，而且是在古代人平均壽命很短的時代，活到這個年齡已經是很稀少的了。年齡雖然可能不影響一個人非凡的意志、思想和思維，但奈生命何？

武則天即位後不久，很快就爲選擇後嗣的問題而煩惱著。在以國爲家、家國難分的宗法關係下，在夫權社會道德倫理關係的羅網下，女皇的地位擺在哪裡、繼承人如何選擇的問題與傳統的王位繼承法之間的矛盾是不可調和的。女人沒有自己的世系，不嫁就附著在父母的名下，出嫁了就附著在丈夫的名下。武則天無論是讓侄兒繼位還是讓兒子繼位，都最終要失去她自己的位置。這是武則天的悲哀，也是作爲一個女人的悲哀。在這個問題上，武則天已不再去窮究大臣們是忠於她，還是忠於李唐皇室了，她也不願做一個淫刑之主，同時她更尊重那些耿直忠心、勤勉勞靠的大臣們。

老臣斷夢

有一段時間，武則天曾經想立她的另一個侄子武三思爲太子。

這武三思是武元慶的兒子，武承嗣的叔伯兄弟。他性情奸詐，善於逢迎。爲了討女皇歡心，主持修建了三陽宮、興泰宮等離宮，請女皇每年到那裡避暑，耗費了大量工役和錢財。女皇很看重武三思，多次駕臨他的府第，賞賜優厚。

武三思因是武則天一族，年少時累轉右衛將軍，則天臨朝拜夏官尚書。革唐命後，封梁王，賜封一千戶，歷任天官尚書、春宮尚書、檢校內史等職。在女皇的寵信下，武三思參與軍國政事，權威日盛，極盡奢華。他的二子崇訓封高陽郡王、娶安樂公主，成親時，武三思爲他舉行了盛大的儀式，還讓宰相李嶠、蘇味道和詩人沈佺期、宋之問等人作〈花燭行〉以讚美。時人對三思父子極爲不滿，認爲他們暗懷篡政之志，把他們比作曹操、司馬昭。

雍州人韋月將、高軫曾上書向女皇奏報：三思父子必然逆亂。三思得知，串通有司，將韋月將殺死，將高軫流放嶺南。黃門侍郎宋璟說了兩句公道話，也被逐出宮廷，當了外官。三思對那些剛正之臣心懷猜忌，對一些不法之徒卻百般拉攏。他曾說：「我不知道什麼樣算是好人，只有和我好的人才是好人。」他和親信兵部尙書宗楚客、將作大匠宗晉卿等人互相勾結，干黷時政，還以侍御史周利用、冉祖雍、太僕丞李俊、光祿丞宋之遜、監察御史姚紹之等五人爲耳目，陷害忠良，幹盡壞事，當時人稱他們作「三思五狗」。

武三思和武承嗣一樣，也千方百計地想當太子。他多次指使人對女皇說，自古以來天子沒有以異姓人爲子嗣的，陛下姓武，理應立武氏爲太子。女皇默許，擬定武三思爲儲副。但她唯恐朝中異議，便想徵求一下大臣們的意見。

一日，女皇召集近臣，說：「朕年老了，但國家還沒有太子，朕想挑選一人，你們以爲哪個當立？朕雖有個人選，尙難以定奪，還賴衆卿議定。」聰明的大臣們都順著女皇的心思講話，一致認爲當立三思。只有宰相狄仁傑不發一言，默然不語。女皇感到詫異，說：「卿獨無言，想必另有見地吧？」狄仁傑點點頭，道：「太宗文皇帝櫛風沐雨，親冒鋒鏑，歷盡艱難困苦才打下了天下，理應傳給子孫後代，而今陛下卻擬移贈他人，臣以爲是難以合天意、順民心的，臣觀過天象，並沒有易主的徵兆；也考察過民情，都思想大唐的功德。」女皇問：「怎麼知道？」狄仁傑道：「不久前突厥進犯邊境，陛下派梁王三思召募兵士，一個多月才召募了幾百人，後來廬陵王繼續此事不出兩旬，募兵已滿百萬。這件事不是十分明顯地表明了民心的向背嗎？臣以爲，陛下欲立太子，除了廬陵王別無他人。」

女皇沒有應聲。募兵一事她並非不知，事實也的確如此。狄仁傑舊事重提激起了女皇思緒的漣漪。只聽狄仁傑繼續說：「高宗天皇大帝將廬陵王和皇嗣托咐給陛下，陛下不立二子，卻欲將儲位轉賜給他姓，臣以爲頗爲不妥。」

女皇有些不耐煩了，說：「這是朕的家事，你不要干預了。」狄仁傑道：「天子以四海爲家，四海之內的事便是陛下的家事，天子好比元首，臣子好比股肱，義同一體，況且臣既爲宰相，對此國家大事怎能不管呢？」狄仁傑勸女皇將盧陵王李顯召回洛陽。

李顯是在光宅元年（六八四年）被廢之後派往房州的，不久又轉徙到均州濮王李泰的故宅。當時，武則天讓他離開京師是怕他不利於自己臨朝稱制。垂拱元年（六八五年），又把他遷往距東都一千多里外的房州。十多年來，這位被廢的中宗皇帝一直在偏遠之地過著近乎軟禁式的生活。他沒有權力、沒有自由、不得越雷池一步。除了他的妃子、侍從和那些明爲護衛、暗爲監視的兵士以外，他難以見到任何人。生活當然是優裕的，有酒宴、也有歌舞，但卻缺少生氣，缺少快慰。政治上的失意使他精神萎靡，意志衰退，儼如一具沒有靈魂的軀殼。他的處境使不少朝臣深感同情，狄仁傑更是早已盼望李顯重返東都，繼承帝業。現見女皇欲立武氏爲嗣，便急不可待地和盤托出了自己的想法。

大臣王方慶、王及善也勸女皇召還盧陵王，女皇稍稍爲之心動，但仍不肯最後降旨。她心裡很矛盾，一時難以決定。

這日晚，女皇做了一個奇怪的夢。她夢見一隻巨大的鸚鵡，毛色艷麗，煞是好看。鸚鵡展翅翱翔，還不時發出動聽的叫聲。女皇平日頗愛此鳥，宮中蓄養了很多，但從未見到過這麼大、這麼好看的鸚鵡。女皇欣喜萬分，仰首觀看，流連忘返。忽然，只聽空中的鸚鵡一聲慘叫，掉在地上，女皇的心一下子緊縮起來，趕忙上前去看，原來大鸚鵡的翅膀斷了。女皇萬分痛惜，大呼「來人」，在這同時，她醒了，眼前的鸚鵡不見了，只有聽到呼喚驚慌前來的宮娥和搖曳的燭光。

第二天，女皇將這夢講給狄仁傑聽，請他占卜吉凶。狄仁傑想了想，說：「鸚（武）者乃陛下之姓，折斷的兩翅乃陛下的兩個兒子盧陵王和相王，翅折難以起飛，如能啓用兩位殿下，兩翅不就復振了嗎？」女皇素信占夢，聽狄仁傑這麼一說，讚許地點了點頭。

不久，契丹兵犯邊境，包圍了幽州，檄文有「還我盧陵、相王」之句，女皇因此記起了狄仁傑的話，對他說：「卿曾爲我占夢，現在應驗了。朕欲立太子，卿以爲何人最好？」狄仁傑回答：「陛下內有賢子，外有賢侄，取捨詳擇，請陛下決斷。」女皇道：「我自有兒子，侄子算什麼？」遂即召還廬陵王，河內王武懿宗不許廬陵王入城，安置在龍門。契丹聞訊，攻陷了冀州。女皇很著急，馬上降旨設立廬陵王李顯爲太子，命他爲元帥，迎戰契丹軍。起初，爲戰契丹，募兵應者很少，百姓聽說廬陵王爲元帥，紛紛前往投軍，北邙山頭兵員充塞，竟無法容納，契丹軍也不戰自退。

廬陵王李顯是在聖曆元年（六九八年）三月從軟禁地房州召回的。這件事辦得很秘密，無人知曉。先是，女皇秘密派遣了十個宮人前往房州，由一人代替廬陵王繼續留在那裡，讓廬陵王換上宮人的衣服，州縣毫無察覺。還宮後，女皇將他藏在帳中，又召狄仁傑談及廬陵之事。狄仁傑慷慨陳詞，女皇遂喚廬陵王出帳，說：「還卿儲君。」狄仁傑喜出望外，降階泣賀。女皇又對廬陵王說：「快拜國老吧，是國老使你返位的！」狄仁傑摘下頭冠，叩頭不止。女皇令人將他扶起，說：「卿眞是社稷之臣啊！」

兒子與侄子

武則天有一個親信宰相叫吉頊，因犯罪受貶。他在向武則天辭行的時候說：「臣今是遠離宮闕，恐怕同聖上永無再見之日，現有一言相陳。合水土為泥，有爭端嗎？」武則天說沒有。吉頊說：「分一半為佛，一半為天尊，有爭端嗎？」武則天說有爭端。吉頊又說：「宗室、外戚的位置如果擺得很分明，則天下安寧，今太子已立，而外戚還是王，這就是陛下驅使他們在日後爭鬥，兩不相安了。」這話真說到了武則天的心病。

的確，女皇的心裡一直很不平靜。她覺得，雖然太子已立，但事情並沒有完結，說不定還蘊育著危機。她擔心，兒子不會放過侄子，李、武兩姓難以和睦共處。因為他們的自身利益是根本對立的，立李就難以保武，說不定李顯會用她對付李氏宗室那樣的手段把諸武誅殺殆盡，使朝廷重新籠罩在血的恐怖之中。

她當然不希望這樣的局面出現。數十年來，她歷經磨難，歷盡艱辛，才有今日，豈能讓儲位之爭將這一切毀於一旦？她決心尋找一個萬全之計，在她離開人世之前，將這場血的廝殺制止於未萌，讓兒子和侄子消除積怨，共安天下。

女皇想的是，應該讓太子建立功業，以便威服天下，也使她的武氏子侄安守本分。恰在這時，突厥進犯，女皇即令李顯爲河北道元帥，帶兵討伐突厥。突厥是在九月間興兵進犯的。這次戰爭的起因是和親。先是，突厥派使者請和親，女皇讓武承嗣的兒子、淮陽王武延秀去突厥，娶突厥可汗默啜的女兒爲妃，讓豹韜大將軍閻知微、右武衛郎將楊齊莊等人帶著大量金帛護送。武延秀到了突厥，默啜對閻知微說：「我是想讓我的女兒嫁給李氏，怎麼用武氏的兒子來應付？他是天子的兒子麼？我突厥世世代代受李氏恩惠，聽說李氏盡被誅滅，只有兩個兒子在，我將派兵輔立！」他將武延秀囚禁起來，封閻知微爲南面可汗，並發兵進襲靜難、平狄、清夷等軍，靜難軍派慕容玄崱帶兵五千投降，突厥勢力大振，進犯嬀、檀等州。先前跟隨閻知微入突厥的都賜給三品或五品官服，女皇聽說，都予剝奪。

默啜於是向朝廷致書說：「你們送給我們的穀種都是蒸過的，種在地裡不發芽；你們給我們的金銀器都是極差的，並非眞品；綢絹也是非常壞的；我封你們的使者三、五品官職你都予剝奪，這是欺人太甚；武氏小姓和我們門不當、戶不對，想冒充李氏之子和我聯姻這是欺騙，我決計起兵，攻打你們的河北！」

突厥的無理使女皇很憤恨，派武重規、沙吒忠義、張仁愿等人率兵三十萬討伐突厥，又以閻敬容率兵十五萬爲後援。

然而，大軍的抵抗是不利的。突厥先攻下定州，屠殺刺史孫彥高及官民數千人，接著又包圍了趙州。長史唐般若翻越城牆接應，刺史高叡與其妻秦氏被突厥俘獲，往見默啜。默啜威脅說，投降可以拜官，不降立即斬首！高叡夫婦閉目不言，被默啜滅族，趙州也落入突厥手中。

邊州陷落，戰事不利，使女皇憂心忡忡，於是派太子李顯出征。女皇以爲，太子雖不習兵事，但有一定號召力，可瓦解敵軍鬥志。此外，李顯如能得勝，也可爭得一份資本，鞏固他的儲位，使其他人難以覬覦。這就是女皇的打算。

太子李顯果然像一面旗幟，使軍威大振。百姓聽說太子爲元帥，紛紛應募，不多時候，兵員超過五萬。女皇派狄仁傑爲河北道行軍元帥，右丞宋元爽爲長史，右臺中丞崔獻爲司馬，左臺中丞吉頊爲監軍使。但太子李顯不過掛了一個元帥名，並未出征，實際上由狄仁傑代管帥事，女皇親自爲他們送行。

突厥默啜在趙、定等州進行了瘋狂的搶掠，大批的牲畜、財帛和人口被挾往突厥。狄仁傑十萬大軍到來時，突厥已逃歸漠北，狄仁傑追之莫及。狄仁傑奉命安撫河北，禁止部下騷擾百姓，河北又歸於安定。

這次戰事儘管李顯實際上並未參加，但已經在名義上被命爲元帥，在朝野上下產生了影響，所以，對李顯太子地位的鞏固是有利的。而且，這種事實武三思等人也已經看到，多少會在心裡上受到一點抑制，使其不敢輕易與太子爭鋒。這樣，女皇總算是達到了目的。

聖曆二年（六九九年）正月，女皇又採取了一個行動：賜太子姓武。這是一個十分奇怪的現象。自己的親生兒子、堂堂的太子，居然改了姓氏。這件事，起碼可以說明這樣兩點：首先，女皇雖將李顯立爲太子，但並不想讓她的政權姓李、恢復李唐王朝的老樣子。她要的是一個武氏政權，要維護的是武家的天下，讓李顯改姓，是要說明，他繼承的並非是太宗、高宗的事業，而是武氏女皇的事業。此外，似乎可以看做是彌合李、武兩家仇怨，使兒子和侄兒化爲一體、聯成一氣的措施。李家的太子成了武家的繼承人，武氏子侄就沒有必要、沒有理由再進行儲位之爭，武、李兩派勢力便可相安無事了。

但是，女皇並不放心。她想，傳位給太子之後，李唐宗室掌權，定會大殺諸武，武氏子侄必難保全。爲了帝業長久，女皇不得不冥思苦想地再謀新計。

這天，她把武姓侄兒和李氏兒子、女兒都找了來，先是給他們講了一番創業的艱難和安定天下的不易，然後讓他們在廟堂上共同祭告天地，焚香頂禮，一起宣誓。誓詞是女皇親自爲他們擬定的，內容是關於彼此相扶、共保帝業之類。宣誓儀式非常鄭重，廟堂內香烟繚繞，司儀高聲領頌，等候他們的還有宮娥、內侍，禁軍兵士在廟堂門口把守。女皇坐在祖宗牌位的一側，目不轉睛地注視著一字排開、齊跪在地的侄子、兒子和女兒。她端詳著每個人臉上的神情，像一個威嚴的見證人一樣傾聽著他們的宣誓。宣誓完畢，女皇讓每人輪流上了一柱香，叩地三拜，向祖宗表示恪守誓言，決不背離。然後，女皇令他們退立兩旁，從座位上站起身，來到祭案面前，焚香、叩拜，並當著侄子、兒子的面說，今日明誓，祖宗爲證，若違此誓，天地難容。

接著，她引衆人離開廟堂，前往史館。史館陳列著一件鐵券，上面鐫刻著他們剛剛宣讀的誓言。女皇讓他們一一過目，然後由史官小心藏起，以爲歷史的見證。

這一切程式進行完畢，女皇才算是放了心。這天，她興奮地飲了酒，夜裡睡得很香，還做了一個好夢，夢見她的侄子和兒子們同乘一舟，親如手足地江中游賞，舟中放著那件刻著誓言的鐵券。這情景，使女皇想起了「同舟共濟」這個古語，心中頗感欣慰。